U0120823

莊子集成　劉固盛　主編

南華經參注

［清］郎懋學　撰　伍成泉　點校

福建人民出版社
海峽出版發行集團
THE STRAITS PUBLISHING & DISTRIBUTING GROUP

二〇一一—二〇二〇年國家古籍整理出版規劃項目
全國高等院校古籍整理研究工作委員會直接資助項目
華中師範大學中國語言文學一流學科建設項目

莊子集成出版前言

《莊子》是先秦道家重要經典，戰國中期莊周及其後學所撰。《莊子》原爲五十二篇，經西晉郭象删削編定，尚存三十三篇流傳至今。《莊子》在兩漢未受特别重視，至魏晉之際，因與玄學思潮投合，注釋漸多，影響較廣的有崔譔、向秀、司馬彪諸家，但多已亡佚。惟郭象參考諸家之注，加以發揮，形成後世通行的注本。唐代成玄英又依郭注作《南華真經注疏》，補釋郭注未及的字義名物，在思想上也有獨到闡發。陸德明《經典釋文》中有《莊子音義》三卷，因保存較多唐以前異文舊注，爲治《莊》必備之書。

目前流傳下來的《莊子》注本，多成書於宋以後。宋學長於義理思辨，以儒、釋、道解《莊》的傾向較爲明顯，到明代更形成了會通三教的風氣。宋代興起文章評點之風，林希逸、劉辰翁評析《莊子》，引發對《莊子》語言及行文的探索。明代又出現方式更多樣、結構更嚴密的《莊子》評點類著作，《莊子》文章批評成爲專門領域。

清乾嘉以來，考據輯佚之學盛行，注《莊》者更重視校釋文義、考正韻讀、輯補佚文，如盧文弨、王念孫、茆泮林、俞樾、孫詒讓諸家，均取得較高成就。清末郭慶藩、王先謙先後撰《莊子集釋》、《莊子集解》，雖繁簡各殊，而均以集納衆長、具總結性質，成爲百年來最通行的《莊子》注本。近代以降，隨着新舊學術轉型，《莊子》研究多從哲學史、文化史角度展開，或進行學術史的總結，已突破傳統格局。

歷代莊學著述今存三百餘種，近人嚴靈峰編《無求備齋莊子集成初編》、《續編》及《老列莊三子集成補編》，始予系統影印；方勇主編《子藏·道家部·莊子卷》，又續有增益。然均未經點校，不便閱讀。爲總結歷代莊學成就，推動莊學研究進程，福建人民出版社與華中師範大學道家道教研究中心合作編纂《庄子集成》，系統整理魏晉至民國間中國學者有關《莊子》的注疏文獻，分輯出版，以備廣大讀者、研究者使用。

二〇二二年十一月

目次

點校前言

《南華經參注》三卷，清郎懋學撰。此書僅存稿本，方勇先生任總編纂的《子藏·道家部·莊子卷》將其收入，該本半頁九行十九字，小字雙行同，四周雙邊，黑口，上下雙魚尾；天頭有批注，地脚處亦間或標有音注。弁首唯有題爲「莊子」的題記一篇，此外無其他序言。

關於此稿本的遞藏源流，可通過其中所鈐藏印考知。

其一爲作者郎懋學本人所鈐之印，如卷一《南華經内篇》「鹿呰郎懋學參注」題識下鈐有「鹿呰」朱文方印，卷二《刻意第十五》篇題下鈐「悉學」朱文方印，「悉」即「懋」。卷端所鈐「不意培塿而松柏成林」朱文長方印，應該也屬郎氏。其語出《舊唐書·儒學下》：「元軌謂人曰：『郎氏兩賢，人之望也。相次入府，不意培塿而松柏成林。』」以企慕同姓先賢。

其二爲清代藏書家龔文照的藏書印，如卷首總論《莊子》篇題下，鈐有「相城九霞野逸龔文照紫筠堂藏書」白文長方印；卷一之末鈐有「種松野夫文照之印」；卷二《至樂第十八》篇末鈐有「群玉山房」；全書末頁鈐有「文照之印」、「野夫所藏」印。

其三爲民國間人陳琰之印，如卷一《德充符第五》篇末鈐有「海昌陳琰」、「拾遺補缺」

朱文方印；卷二《在宥十一》、《至樂第十八》、《知北遊第二十二》三篇篇末及卷三《寓言第二十七》篇末，包括全書末頁，皆鈐有「友年所見」、「海昌陳琰」印；卷三《南華經雜篇》「鹿砦郎懋學參註」題名下及《讓王》篇首皆鈐有「立炎」印。琰，字立炎，杭州人，民國間在上海設古書流通處，收售、影印古籍。

其四，卷一《德充符第五》篇末鈐有「戴亮吉贈」印。亮吉（一八八三—一九七五）名正誠，字亮吉，重慶江北縣洛磧鎮人。民國時從事金融業，曾任四川省參議員、江北縣參議會議長，「晚清四大詞人」之一鄭文焯之婿。藏書甚富。一九五一年將所藏捐獻西南人民圖書館（即今重慶圖書館）。

綜上，此稿本曾由清代藏書家龔文照收藏，民國時經海昌陳琰古書流通處爲戴亮吉購得，二十世紀五十年代捐入公藏。

總體説來，在所有莊學著作中，此書特點並不突出，雖説尚稱簡要，然似尚未完成之作。其卷一《南華經内篇》七篇，每篇篇題之後，有簡明意旨總括；每篇之末，則綴有數十字的評論，要言不煩，言簡意賅。試舉一例，譬如《德充符第五》篇末評曰：

三箇臏脚，一箇醜漢，兩箇殘疾，賦形甚畸。惠子形貌無虧，乃天選擇而授之者也。然彼皆樹德自全，此獨強辯傷身，此充與不充之别也。

但至卷二《南華經外篇》，則僅起首的《駢拇第八》、《馬蹄第九》、《胠篋第十》、《在宥第十一》四篇篇題之後尚有意旨總括，自《天地第十二》之後諸篇，包括整个卷三《南華經雜篇》，則皆付之闕如。至於篇末之評論，則卷二和卷三皆無。

全書注文罕見徵引前人舊説，唯卷首總論《莊子》援引蘇軾之説，以《雜篇》中《讓王》、《盜跖》、《説劍》、《列禦寇》四篇非莊子之作。不僅於此，郎氏更指陳《天下》篇亦僞，其言曰：

今觀《寓言》篇首，自述其作書之旨，明是書已竟，而終之以此也。至於歷來學術，則楊、墨、惠子之徒，前已排之；獨孔子，則其所欲排而卒不敢排者，故以「且不得及彼」之言以自捄。末終以老子定其所宗，則所論學術者亦盡於此矣，而《天下》篇不幾蛇足乎？則是篇亦僞也。

此説在《天下》篇之末亦有申論。檢視書中，其篇目序號僅至《寓言第二十七》止，自《讓王》篇復另題「南華經雜篇」，包括《讓王》、《盜跖》、《説劍》、《列禦寇》、《天下》諸篇皆不再有序號，雖地脚仍存音注，但文中已無夾注，誠如其書末所言，「特備其文於別本」。這也是該書值得注意的地方。

本次整理，以《子藏》影印重慶圖書館藏稿本爲底本。原本地脚音注，視其内容之相闕，以夾注形式插入文中相應位置。其《莊子》原文，則校以明嘉靖十二年（一五三三）吴郡顧氏世德堂刻本《六子全書》之《南華真經》（簡稱「世德堂本」），其有明顯訛脱而窒礙難通者，據以更正之，並出校記加以説明。避諱字如「邱」、「伭」、「元」等，亦仍存其舊，形近而訛者，視其具體情形徑改，一般不出校記。

莊子

莊子者，蒙人也，名周。嘗爲蒙漆園吏，棄去。其學無所不窺，然要歸本老子之言。著十餘萬言，寓言十九，重言十七，大抵率巵言也。以天下爲沉濁，不可與莊正語，故以巵言爲曼衍，以重言爲真，以寓言爲廣，以詆訾孔子之徒，明老子之術。其稱引古今，往往多假託空語，無事寔用，剽剥儒、墨。其言洸洋自恣以適己。楚威王聞其賢，使使聘之，不應。按，周當魏惠王時，是與孟子同時人也，而兩家無一言相及。豈周亦畏憚孟子，而孟子睬之，亦如孔子之于子桑伯子輩，而特寬之耶？

韓子曰：「彼所謂道，道其所道，非吾之所爲道也。」而解之者多回護穿鑿，反失莊子本色。

莊子立說，多托諸他人口中，而後人每以爲寔事。如顔子坐忘、孔子見柳盜跖之類，其誣聖賢甚矣。

莊子所引人名，或寓意，或假托，或生不同時而爲問答之語，是其誕謾滑稽處也。而解者必欲詳其地、寔其人，陋矣。

《内篇》七篇，文詞怳忽變幻，而意旨已該其《外篇》。前輩疑有秦末漢初人僞作攙入者，非純莊子文也。

《雜篇》自《讓王》以下四篇，子瞻以爲非莊作，蓋以其淺陋無味也。今觀《寓言》篇首，自述其作書之旨，明是書已竟，而終之以此也。至於歷來學術，則楊、墨、惠子之徒，前已排之；獨孔子，則其所欲排而卒不敢排者，故以「且不得及彼」之言以自捄。末終以老子定其所宗，則所論學術者亦盡於此矣，而《天下》篇不幾蛇足乎？則是篇亦僞也。

卷一　南華經内篇

鹿砦郎懋學參註

逍遥遊第一

逍遥，汗漫自適之意。大意言：道在天地之先，包天地，彌古今。體此道者，識趣高遠，胸襟濶大，快然自足于無爲、無用之内，而自適也。

北冥有魚，其名爲鯤。《内則》：「『卵醬』，讀作『鯤』。鯤，魚子也。」《國語》：「魚禁鯤鮞。」亦謂細魚。今以爲至大，便有顛倒天地之思。**鯤之大，不知其幾千里也。化而爲鳥，其名爲鵬。鵬之背，不知其幾千里也。**弟言其背，則全體更大可知。是鯤化而益大矣。**怒而飛，**怒，是氣所使，不得不然，非憤怒也。當讀如「努」字。**其翼若垂天之雲。**若天雲之布於四埵者。**是鳥也，海運**海氣動。**則將徙於南冥。南冥者，天池也。**言鵬乘氣而動，徙于南冥。自北而南，真有窮極八荒之致。言南冥而又釋以天池者，總欲極言其大也。**《齊諧》**書名。**者，志恠者也。《諧》之言曰：**引証。**「鵬之徙於南冥也，水擊三千里，**水爲鵬翼所擊動。**摶扶摇而上者九萬里，**摶，鵬摶也，然有「風」字在内；扶摇，風勢也，然有「鵬」字在内。總言鵬之凌風上行。**去以六月息者也。**此

「息」字與下「息」字不同，只作半歲而止。鵬飛迅速而六月乃止，可見世界之遼闊矣。**野馬也，塵埃也，**《爾雅》：「野馬，天地間之氣。塵埃，氣蓊鬱以塵埃揚也。」**生物之以息相吹也。**生物，造物也。由造物之以氣息相吹噓，故空中有此野馬、塵埃。**天之蒼蒼，其正色邪？其遠而無所至極邪？**蒼蒼非正色，但因遠而無所至極，故人從下睎天，但見蒼蒼耳。自「野馬」至此只一串話，言天遠無至極，從下視之，但見蒼蒼無際，只有氣息相吹之野馬、塵埃耳。三句是倒插文法。**其視下也，亦若是則已矣。**鵬在上視下，亦蒼蒼焉耳已。此段只是形容鵬飛之高。

且夫水之積也不厚，則負大舟也無力。覆杯水於坳堂之上，則芥爲之舟；置杯焉則膠，水淺而舟大也。此幾句興起下鵬飛之高，由于風力之厚。**風之積也不厚，則其負大翼也無力。故九萬里則風斯在下矣，而後乃今培風；**緣鵬飛九萬里之上，故風俱在下，而後乃今得培厚其風，以載大翼。曰培者，鵬自培之也。**背負青天而莫之夭閼**閼，音遏。**者，而後乃今將圖南。**夭，折；閼，止也。惟其飛之高而莫之折止，故得縱意而自北謀爲南徙也。**蜩**蜩，音條。**與鷽**鷽，音學，又音渥。**鳩笑之曰：「我決**決，音血。**起而飛，搶榆枋，**蜩，小蟬。鷽，學飛小鳩也。決，疾。搶，突也。榆，木名。枋，枝

「問棘」，《列子》作「殷湯問夏革」。革、棘，聲相近而互用也。

也。時則不至，有時飛不能上。而控於地而已矣，更無他願。奚以之九萬里而南爲？」適莽蒼者，莽蒼，近郊可望見之色也。三餐而反，腹猶果然；飽貌。適百里者，宿舂糧；適千里者，三月聚糧。之二蟲又何知？行有遠近，故食有多寡；亦如見有大小，故志趣有遠近。蜩與鷽鳩之二蟲，適莽蒼者耳，豈知鵬積厚風而遠到？小知不及大知，收上。小年不及大年。生下。奚以知其然也？朝菌不知晦朔，蟪蛄不知春秋，此小年也。楚之南有冥靈木名。或云冥海靈龜。者，以五百歲爲春，五百歲爲秋；上古有大椿者，以八千歲爲春，八千歲爲秋。而彭祖乃今以久特聞，衆人匹之，不亦悲乎？彭祖之年，不及大椿遠甚，而今乃以長壽特聞。衆人止欲並之，此亦同于二蟲之小知也，不可悲乎？

湯之問棘也是已：又一段引証。棘，人名。湯大棘小。窮髮之北有冥海者，天池也。有魚焉，其廣數千里，未有知其脩者，其名爲鯤。有鳥焉，其名爲鵬，背若泰山，翼若垂天之雲，摶扶摇羊角風之屈曲勢也。而上者九萬里，絶雲氣，負青天，然後圖南，且適南冥也。斥鴳鴳，音晏。笑之曰：「彼且奚適也？我騰躍而上，不過數仞而下，內，本心也；外，外物也。不以富貴爲榮，而以非道爲辱也。

薛云：「以宰官比斥鴳，以列子比大鵬。『乘天地』以下，莊子自道，即下姑射山之神人也。」

翱翔蓬蒿之間，此亦飛之至也。而彼且奚適也？」此小大之辨也。一句結上生下。

故夫知知，上聲。效一官，可效一官之職。行行，上聲。比比，去聲。一鄉，比，和也。能和一鄉之人。德合一君，德能獲乎一君。而徵一國者，徵，信也。信于一國。其自視也，亦若此矣。亦如斥鴳之自以爲至也。而宋榮子猶然笑之。且舉世而譽之而不加勸，舉世而非之而不加沮，不爲毁譽所動。定乎內外之分，分，去聲。辨乎榮辱之境，斯已矣。斯其所得亦已足矣。彼其於世，未數數數，音朔。然也。彼于世事不汲汲然也。雖然，猶有未樹也。猶未能有所樹立也。夫列子御風而行，泠然善也，旬有五日而後反。彼於致福者，未數數然也。彼其于脩身致福之事，不若世之屑屑然也。此雖免乎行，猶有所待者也。御風雖免足行，猶待夫風也。若夫乘天地之正，而御六氣之辨，御六時消息之變。以遊無窮者，彼且惡惡，平聲。乎待哉？故曰：至人無己，冥心泯迹。己，音紀。神人無功，成物而藏用。聖人無名。神化而不測。此幾句，伏下「藐姑射神人」。

堯讓天下於許由，曰：「日月出矣，而爝火不息，其於光也，不亦難乎？時雨降矣，而猶浸灌，其於澤也，不亦勞乎？堯以「爝火」、「浸灌」自喻，而以「日月」、「時雨」喻許由，此正莊子薄堯之意，而反假之堯之自言也。夫子立而天下治，而我猶尸主也。之，吾自視缺然。自愧不足。請致天下。」許由曰：「子治天下，天下既已治也，而我猶代子，吾將爲名乎？名者，實之賓也，吾將爲賓乎？爲賓，殉名而喪真也。鷦鷯巢於深林，不過一枝；偃鼠飲河，不過滿腹。歸休乎君，言君其歸而休乎。予無所用天下爲。庖人雖不治庖，尸祝不越樽俎而代之矣。」尸祝，主祝之人。前言鳥、鼠，喻性各有極；此言庖、祝，喻各有所司。

肩吾問於連叔曰：「吾聞言於接輿，大而無當，當，去聲。往而不反。無當，無當于寔。不反，不相照顧也。吾驚怖其言，猶河漢而無極也，如天河之不見首尾。大有逕庭，逕，門前路；庭，堂前地。言其懸隔。不近人情焉。」連叔曰：「其言謂何哉？」曰：「藐姑射射，音亦。之山，有神人居焉，肌膚若冰雪，淖淖，音綽。約若處子；不食五穀，吸風飲露；乘雲氣，御飛龍，而遊乎四海之外；其神凝，神之所存。使物不疵癘病也。而年穀熟。言其能贊化育。吾以是狂同誑。而不信也。」

藐，遠貌。姑射，山名。淖約，柔貌，或曰輕秀貌。

連叔曰：「然。瞽者無以與與，去聲。乎文章之觀，聾者無以與乎鐘鼓之聲。豈唯形骸有聾盲哉？夫知亦有之。人心亦有聾、盲之病。是其言也，猶時女女，音汝。也。猶是汝之謂也。之人也，指姑射之神人。之德也，將旁礴萬物旁礴，渾同也。以爲一，世蘄乎亂，孰弊弊焉以天下爲事？蘄，同祈，求也。弊弊，經營困瘁貌。言是人將混同萬物，而天下自求乎治，孰弊弊焉以治天下爲事？之人也，物莫之傷，大浸稽至也。天而不溺，大旱金石流、融液也。土山焦而不熱。神遊于天地之外，天地中之熱溺，孰得而侵之？是其塵垢秕糠或作糠秕。將猶陶鑄堯舜者也，其唾餘猶足以做成一箇堯舜來。孰肯以物爲事？」物，亦事也。孰肯以治天下之事爲事？宋人資貨也。章甫而適諸越，越人斷髮文身，無所用之。堯治天下之民，平海内之政，往見四子王倪、齧缺、被衣、許由。藐姑射之山，汾水之陽，窅然茫然自失之貌。喪其天下焉。「宋人」至此二小段，結上兩段。許由無用天下，猶越人不用章甫。姑射神人若此，故堯見之，歸，喪其天下。

惠子謂莊子曰：「魏王貽我大瓠之種，我樹之成而實瓠中子。五石，以盛盛，平聲。水漿，其堅重也。不能自舉也；剖之以爲瓢，

則瓠落 猶廓落也，大貌。 無所容。非不呺 呺，音囂。 然 呺，虛大貌。 大也，吾爲其無用而掊 擊碎也。 之。」莊子曰：「夫子固拙於用大矣。宋人有善爲不龜 龜，同皸，音均，凍坼也。 手之藥者，世世以洴 洴，音平。 澼 澼，音僻。 絖 絖，音曠。洴，洗煉。澼絖，細絮也。 爲事。客聞之，請買其方百金。聚族而謀曰：『我世世爲洴澼絖，不過數金。今一朝而鬻技百金，請與之。』客得之，以説 説，音税。 吳王。越有難， 難，去聲。 吳王使之將。冬，與越人水戰，大敗越人， 冬日水戰，手易皸。今得其藥，卒不皸手，故勝也。 裂地而封之。能不龜手一也，或以封，或不免於洴澼絖，則所用之異也。 此只取以爲善用者証，不必言小而大用之也。 今子有五石之瓠，何不慮 思也。 以爲大樽 瓠尊，縛于身以渡水，使不沉。亦名「腰舟」。 而浮乎江湖，而憂其瓠落無所容？則夫子猶有蓬 茅塞也。 之心也夫。」

惠子謂莊子曰：「吾有大樹，人謂之樗。其大本擁腫而不中 中，去聲。 繩墨，其小枝卷 卷，音權。 曲而不中規矩，立之塗，匠者不顧。今子之言，大而無用，衆所同去也。」 離而去之，亦不顧之意。 莊

子曰：「子獨不見狸狌乎？卑身而伏，以候敖者；敖，同遨。伺物之遨遊者而食之。**東西跳梁，不避高下；**「卑身」以下，極形其勞苦。**中於機辟，**辟，法也。機械之法，取禽獸者。**死於網罟。**此言有用而取禍。**今夫斄牛，其大若垂天之雲。此能爲大矣，而不能執鼠。**斄牛不能執鼠，猶大木不可責以繩墨。**今子有大樹，患其無用，何不樹之於無何有之鄉，**宅心于虛無。**廣莫之野，**莫，大也。寄情于寥廓。**彷徨乎無爲其側，逍遥乎寢臥其下。不夭斤斧，物無害者，無所可用，安所困苦哉？」**末正結到逍遥之旨。無所可用，是莊子大本領。不是無用，直無所可用，原非頑石朽木。

以鵬飛之高，喻至人意趣之超遠；以鵬飛之高由於風力之厚，喻至人意趣超遠由于得道之大。知效一官者，蜩、鳩、斥鴳之類也。列子之待風而行，堯之以治天下爲聖也，姑射神人，斯其至矣。「大瓠」一段，喻大道而止用之以治天下也。末歸結到無所可用，斯乃全其大而保其生，故能逍遥遊也。

《集》曰：「此篇當作三支：『子綦』至『我且奈之何哉』，是澄其源，一支也；自『言非吹也』至『此之謂以明』，是清其流，一支也；自『今且有言于此』至末，消歸自己分上結款，一支也。」唐荆川曰：「通篇論本無是非，是非皆人所作。」

齊物論第二

物論不齊，思以齊之。蓋戰國時更相是非，莊子以爲不若是非兩忘，而歸之自然也。

南郭子綦隱几而坐，仰天而噓，嗒焉似喪其耦。嗒，解體貌。形與神爲耦。喪耦者，忘形也。顔成子游立侍乎前，曰：「何居乎？形固可使如槁木，而心固可使如死灰乎？今之隱几者，非昔之隱几者也。」非前此見他人之比。子綦曰：「偃，不亦善乎，而汝也。問之也。今者吾喪我，喪耦，猶有我在。今併我而喪之，直歸于未始有始矣。汝知之乎？女聞人籟而未聞地籟，女聞地籟而未聞天籟夫。」籟本簫管。管有長短，聲有高下，正所云「吹萬不同」者，故以取義。子游曰：「敢問其方。」子綦曰：「夫大塊噫氣，其名爲風。是唯無作，作則萬竅怒呺。呺、號仝，平聲。天地有風，如人之有噫氣。風一動，滿世皆是，故萬竅怒號。而獨不聞之翏翏翏，音流。長風聲。乎？山林之畏佳，畏佳，一作「偉萃」，林木動摇貌。別作「嵬崔」，謂山阜高大之貌。大木百圍之竅穴，萬竅皆號，此只就木竅言之。

似鼻，似口，似耳，似人形者。似枅，枅，音鷄。似圈，似臼，枅，欂櫨也。圈，桮棬之屬。三者似器形。似洼者，似汙者。似地形者。汙，潴水也。已上俱竅形也。激者、水擊聲。謞謞，音哮。者、箭去聲。叱者、出聲麤。吸者、入聲細。叫者、高而聲揚。譹譹，音豪。者、下而聲濁。宎宎，音杳。者、深而聲留。咬咬，音坳。者，哀而聲續。以上竅聲。前者唱于而隨者唱喁，前，前陣風也。唱于，聲輕也。隨，後陣風也。唱喁，聲重也。泠泠，音零。風則小和，和，去聲。飄風則大和，厲風濟則衆竅爲虛。泠風，小風。飄風，大風。厲，疾也。濟，過也。虛，聲不聞也。而獨不見之調調之刁刁乎？」而，汝也。調調、刁刁，樹木爲風摇動貌。子游曰：「地籟則衆竅是已，人籟則比比，去聲。竹簫管。是已。敢問天籟。」子綦曰：「夫吹萬不同，吹，聲也。天下之聲，萬有不同。而使其自己也。咸其自取，怒者其誰邪？」使其自己出者皆取諸己，而不由於天，則怒而使之有聲者其誰耶？言分明有箇真宰主張之也。此言衆竅之聲，雖爲地籟，而使之有聲者即天籟。下文即説人心之變態，亦皆有箇真宰主張之。

大知知，去聲。閑閑，小知間間；大言炎炎，小言詹詹。閑閑，優

「喜怒」以下十二字，又説其接物之情狀。「慮嘆變慹」，從怒哀生出；「姚佚啓態」，從喜樂生出。

裕貌。間間，瑣雜貌。炎炎，明盛貌。詹詹，徧小貌。**其寐也魂交，**魄與魂交爲夢。**其覺也形開，**魂與形開而應事。**與接爲搆，**與物相接而營搆之心生。**日以心鬭。**則日以心與物相鬭。**縵**縵，莫半切。**者、**心散亂。**窖者、**心深險。**密者。**心瑣細。**小恐惴惴，**餒弱也。**大恐縵縵。**慌亂也。**其發若機括，其司是非之謂也；**機，弩牙。括，箭括。喻尋人之罅而中傷之，是主乎是非之論者也。**其留如詛盟，其守勝之謂也；**其堅執如誓盟之不欲變，是固守己見以勝人者也。**其殺如秋冬，以言其日消也；**跟上文言其心鬭若此，則用心過度，而其心死，殺如秋冬百物之凋零，而天真日以消亡也。**其溺之所爲之，不可使復之也；**其陷溺於其所爲之不可挽回也。**其厭也如緘，**厭，消沮也。緘，閉藏也。其厭然閉藏之機心。**以言其老洫也；**洫，深也。老，久也。愈久而愈深也。**近死之心，莫使復陽也。**陽，陽明光大也。此心已近于死，不復能陽明光大也。

喜怒哀樂，慮思慮。**嘆**嗟歎。**變**反覆。**慹，**慹，音執。疑懼。**姚佚**姚佚，同媱佚。縱逸。**啓**不收斂。**態；**做模樣。**樂出虛，烝成菌。**凡若此者，如樂出于虛，乍作乍止；如氣烝成菌，倏起倏滅也。**日夜相代乎前，**紛紜糾錯，日夜相代，吹萬不同。**而莫知其所萌。**而其所以然者莫知也。所萌，即「怒者其誰」之

「百骸」一段，只緣無形，故教人從有形處理會去，所謂當身體驗也。

誰也。已乎，已乎。嗟嘆之詞。旦暮得此，其所由以生乎。此指造化言，即所萌者也。雖不知其萌，然旦暮之間，其必得此而物所由以生。非彼無我，非造化，則我從何來？非我無所取。我既造化以爲我，非我，則造化亦無所取矣。是亦近矣，造化之不離我如是，則是亦近矣。而不知其所爲使。所爲使，即「怒者其誰」之誰。若有真宰，而特不得其眹。寔有主張之者，而特無眹兆之可得。可行已信，而不見其形，有情而無形。蓋造化所行，已信有之而不得其眹者，以其寔有而無形象耳。

百骸、九竅、耳、目、口、鼻、前後竅。六藏，心、肝、脾、肺、腎、命門。賅賅，全該。備也。而存焉，吾誰與爲親？親，切也，言必有親者。汝皆悅之乎？其有私焉？私，悅之獨切也，言必有獨切者。如是皆有爲臣妾乎？臣妾，互相役使者。其臣妾不足以相治乎？其遞相爲君臣乎？不能相治，即不能爲君臣。「吾誰」以下數句，反覆詰問，一氣滚下，赶到下句止。其有真君存焉？心爲君矣，然不能自主，等六藏耳。其必有主是心之真君存焉矣。如求得其情與不得，情，即有情無形之情。無益損乎其真。人皆有是真君，縱有求得其情與不得之異，到底此真君常在，不爲損益。一受其成形，不亡以待盡。獨可惜既受形於造化，便當常守此真以待盡天年。**與物相刃相靡，其行盡如馳，而莫之能止，不亦悲乎？**而乃與物相刃逆，相靡順，日與心鬬，如人之馳走，往而莫之能反，不亦可悲乎？**終身役役而不見其成功，薾**薾，音涅，疲貌。**然疲役而不知其所歸，可不哀邪？人謂之不死，奚益？**縱生無益。**其形化，**若死而形化。**其心與之然，**將心亦隨之而化矣。**可不謂大哀乎？**是喪其真君而虛生浪死者，可不大哀乎？**人之生也，固若是芒**芒，無知也。**乎？其我獨芒，而人亦有不芒者乎？**反言以嘆人之皆芒也。**夫隨其成心而師之，**以此心之現成道理爲師。**誰獨且無師乎？**人皆有之。**奚必知代而心自取者有之？**代，謂現成之理自有主宰，我心特代爲之承當耳。知代，則知自取師。**愚者與有焉。**愚者雖不知，然其寔亦有所爲代者，則與有師。**未成乎心而有是非，**但愚者日以心鬬，失其心之現成道理，妄意以生是非。此一句，揭出物論不齊之根。**是今日適越而昔至也。**其是非臆度未至真境，猶今日纔至于越，遂道其風土，而謂我昔日已曾至也。**是以無有爲有。**是其胸中一無所有，而自以爲有也。**無有爲有，雖有神禹，且不能知，**橫流，知所以治之；橫議，難知所以治之。**吾獨且奈何哉？**

前面是說是非之張本，「言非吹」以下，又說是非之論。

自「言非吹」至「以明」，一氣說下。「物無非彼」一段，說因物我對立而有是非，不若忘物我而任其是非。

夫言非吹也， 衆竅各自爲聲，然不相是非；言則相是非，則言又非風聲之比。更推進一層。**言者有言，** 言者有是非之辯。**其所言者特未定也。** 其所辯之是非，特未定他是何等辯也。指下三項說。**果有言邪？** 果有心于司是非而以言爲辯邪？**其未常有言邪？** 其任天之便，雖以言辯，而寔未嘗有言邪？**其以爲異於鷇音，亦有辯乎？其無辯乎？** 鷇，鳥之初出卵者。凡鳥聲皆有別，如鴉有鴉聲，鵲有鵲聲，惟初出之鳥，其音無辯。言爲是非之論者，其以爲異于鷇音之有辯乎，其無辨乎？**道惡乎隱而有真僞？言惡乎隱而有是非？** 道、言之晦，以有真僞、是非也。**道惡乎往而不存？** 道無真僞，無往而不存。**言惡乎存而不可？** 言無是非，無在而不可。**道隱於小成，** 惟小見之人，襍以私知，故道隱。**言隱於榮華。** 雜以浮言，故言隱。**故有儒墨之是非，以是其所非而非其所是。** 此言是非之無定。**欲是其所非而非其所是，** 言欲定其是非，則**莫若以明。** 莫若明于本然未始有是非也。

物無非彼，物無非是。 人惟立彼、立彼我之見，則見天下之物無非彼也。則非之，而在我之物，無不是者矣。**自彼則不見，自知則知之。** 此等見識，若看之他人則不見，而驗之己心之明，則知之。**故曰彼出於是，是亦因彼。** 是出於是非。

公孫龍子有《白馬》、《指物》二篇，且謂「白馬非馬」，此似順便破之。

彼，是亦因彼而已。何必與之更辯其是非？**彼是方生之説也，**是非猶如生死，則彼之是，猶如只見得方生一邊。**雖然，方生方死，**有生必有死。**方死方生；方可方不可，**纔有是，便有非。**方不可方可；因是因非，**因其有是，因而有非。**因非因是。是以聖人不由，而照之于天，亦因是也。**是以聖人不由偏見，而照之以天理，亦因其是非而已。**是**此也。**亦彼也，彼亦是**此也。**也。**彼此兩忘，所謂「照之以天」者，此也。**彼亦一是非，此亦一是非，**若彼此各起意見，則彼此各相是非。**果且有彼是乎哉？果且無彼是乎哉？**天照之中，果且有無彼此乎哉？**彼是莫得其偶，**是非對立爲偶。若彼是，而我因其是，而不以爲非，則彼且喪偶。**謂之道樞。**以此齊物論，謂得其要樞也。**樞始得其環中，以應無窮。**環，首尾無端。中，不偏不着。惟得道樞者，始得此環中之理，以應物之無窮。**是亦一無窮，非亦一無窮也。**是非之來，一皆以無窮應之。**故曰莫若以明。**結前「以明」。

以指我手指也。**喻指**人手指。**之非指，不若以非指**我所謂非指者，即人之指也。**喻指之非指也；**喻指之指，我指也。**以馬喻馬之非馬，不若以非馬喻馬之非馬也。**馬，謂我馬、人馬，同「指」解。此譬是非本不可定，如我以彼爲非，則彼亦以我爲非，反觀之可見。**天地一指也，**天覆地載，各不相非。**萬物一馬也。**物有飛、走，而萬物不相非。**可乎可，不可乎不可。**若能不執彼我，而可者可之，不可者不可之。**道行之而成，**將行底便成。**物謂之而然。**説底便是。**惡乎然？**則是我無然也。**然於然。**然于物之所然。**惡乎不然？不然於不然。物固有所然，**蓋物本來有然。**物固有所可。無物不然，**物物皆有然。**無物不可。故爲**爲，去聲。**是**爲是之故。**舉莛**莛，音廷。莛，梁也。**與楹，**楹，柱也。**厲**醜者。**與西施，恢**大。**恑**恑，音詭。戾。**憰**憰，音訣。乖。**恠，**異。**道通爲一。**以道通而一之。**其分也，成也；**則其分也，乃所以成。**其成也，毁也。**則其成也，乃所以毁。**凡物無成與毁，復通爲一。惟達者知通爲一，**知縱横、美惡、常恠、成毁咸皆通一而無二也。**爲是不用**去其自是。**而寓諸庸。**因諸庸衆之中。**庸也者，用也；**常則可用。**用也者，通也；**用則流通。**通也者，得也。**通則得其道矣。**適得**適，至也，至于得。**而幾矣。**得則幾于天照矣。**因是已，**因是，因其是而是之，即不用而寓諸庸也。**已而不知其然，**因是而不知其所以然，則忘我忘物，渾然爲一。**謂之道。**是之謂道。**勞神明爲壹，而不知其同也，**壹，即道也。道不必勞神明，今勞神明，猶狙公，養狙者。芧，狙食也。

前言達者知道通爲一，此又進上一步，以爲知之至者。

自以爲壹，而不知其與不壹者同也。謂之朝三。何謂朝三？曰，狙公賦芧，賦，與也。芧，音序。曰：「朝三而暮四。」衆狙皆怒。曰：「然則朝四而暮三。」衆狙皆悦。名寔未虧三四顛倒而名不同，合來皆七而寔不異。而喜怒爲用，前怒後悦。亦因是也。勞神明爲壹者，亦猶是也。是以聖人和之以是非外則因人而和之以是非。而休乎天均，内則休乎無是無非之天均。是之謂兩行。内既無是非，則可隨外之是非，而使之並行。

古之人，其知有所至矣。惡乎至？有以爲未始有物者，知未有天地以前。至矣，盡矣，不可以加矣。其次以爲有物矣，其次知有天地。而未始有封也。封，如封疆之封，人己之界限也。其次以爲有封焉，而未始有是非也。其次以爲知人己矣，而猶忘是非也。是非之彰也，道之所以虧也。自是非一形，而道體之渾然者虧損矣。道之所以虧，愛之所以成。道虧，則各成其自愛自好之私。果且有成與虧乎哉？果且無成與虧乎哉？不知自未始有物之先觀之，其果有成虧、無成虧乎？有成與虧，故昭氏之鼓琴也；無成與虧，故昭氏之不鼓琴也。故，迹也。昭氏，古之善鼓琴者。有成虧之跡，是猶鼓琴而有曲之始終也；若不鼓，則始且無之，安得有終？言畢竟無成此申言愛之所以成，只緣世人都見得自己一邊道理，故終身無成。無成，即道之所虧也。

虧也。**昭文之鼓琴也，師曠之枝策**策，杖也。目盲，故拄杖。**也，惠子之據梧**憑梧而談論。**也，三子之知，**知，去聲。**幾**幾，平聲。**乎**知盡于此。**皆其盛者也，**皆有盛名。**故載之末年。**載，事也。末，終也。三子之技精，故事此以終其身。**惟其好之也，以異於彼；**自愛其技，以謂有異于人。**其好之也，欲以明之。**既自好，而且欲表白于人。**彼非所明而明之，**人不白而強欲白之，**故以堅白之昧終。**正如惠子以「堅白」之説強辯，而昧昧以終身也。**而其子又以文之綸**綸，琴絃也。又如昭文之子，強欲傳昭文之業，而亦以琴擅長也。**終，終身無成。**故三子皆終于終身無成也。**若是而可謂成乎？雖我，亦成也。**若三子而可謂成，雖我之不成，亦可謂成也。**若是而不可謂成乎？物與我無成也。**則萬物皆相與無成矣。**是故滑疑之耀，**滑疑，捉不住，見不定也。耀，明也。謂不明之明也，即「爲是不用」之意。**聖人之所圖也。**是聖之所尚。**爲是不用而寓諸庸，此之謂以明。**是不用則無愛成，無愛成則道不虧，此之謂以明也。

今且有言於此，不知其與是類乎？其與是不類乎？今且有言者于此，不知其與我之爲是者類乎，不類乎？**類與不類，相與爲類，則與彼**

此段說纔言有無，便不可定是非。

無以異矣。若我道他不類我，則他也道我不類他，則我與他爲一類，而無異焉矣。**雖然，請嘗言之：**有類有不類，雖是一般，今試窮本而論造化。**有始也者，有未始有始也者，有未始有夫未始有始也者。**此以氣言。**有有也者，有無也者，有未始有無也者，有未始有夫未始有無也者。**此以形言。**俄而有無矣，而未知有無之果孰有孰無也。**當初本無箇有，亦無箇無，忽然有箇無，便生出有來，但未知有無之果有無否？**今我則已有謂矣，**既喚做無，是我今已有説矣。**而未知吾所謂之其果有謂乎？其果無謂乎？**但未知我所説者之其果有説乎？果未始有説乎？**天下莫大於秋毫之末，而泰山爲小；莫壽乎殤子，而彭祖爲夭。**未始有小大壽夭之説，則小可謂大，大可謂小，夭可謂壽，壽可謂夭。**天地與我並生，**生一作立。**而萬物與我爲一。**會得此理，則天不大，萬物不小，渾然爲一矣。**既已爲一矣，且得有言乎？**既爲一矣，不必有言。**既已謂之一矣，且得無言乎？**然謂之一，則已有言矣。**一與言爲二，**一固一矣，以言名一，便成二。**二與一爲三。**一固一，以言名一爲二，又説以言名一爲二，便成三層。**自此以往，巧曆不能得，而況其凡乎？**從此而生千生萬，雖巧于算曆者，亦不能窮其數，而況凡人乎？**故**

自無適有，以至於三，而況自有適有乎？故只因一箇「無」字，便生出有來，以至于三，而其數遂不可窮，況自有生有而何可窮乎？無適焉，因是已。若自有而復適于無焉，亦因人之是非以爲是非是已。

夫道未始有封，言未始有常，道無往不在，固無有封域，則言亦安得有專主？爲爲，去聲。是而有畛也。只是立箇「是」字，便有疆界。請言其畛：有左有右，各異所尚。有倫各有其理。有義，各有其宜。有分群分。有辨，類別。有競並逐。有爭，對辯。此之謂八德。皆畛也。六合之外，聖人存而不論；不言及。六合之内，聖人論而不議；無是非。春秋經世先王之志，大經大法，先王治世之志，其中有是有非。聖人議而不辯。無去取。故分也者，有不分也；辯也者，有不辯也。聖人無心分辯，故分辯亦非分辯，是分辯亦非畛也。曰：何也？聖人懷之，懷，兼容併包之義。衆人辯之以相示也。以相夸是。故曰：辯也者，有不見也。夫大道不稱，無名。大辯不言，不待言說。大仁不仁，無仁可指。大廉不嗛，嗛，音謙。喉藏物曰嗛，猶耿耿之意。大勇不忮。不傷害人。道昭而不道，若可昭示，則非道矣。言辯而不及，纔有辯，即有所不及辯。仁常而不成，有常愛，

不見，不欲自見其辯也。

即不能周物。廉清而不信，廉而介介，非真廉也。勇忮而不成。害物必自敗。五者园而幾向方矣。若是，則五者之德，其機本圓，而滯于迹，則有圭角而向方矣。故知止其所不知，至矣。知而止于其所不知，知之至也。孰知不言之辯，不道之道？此止其所不知也，夫孰能知之？若有能知，此之謂天府。注焉而不滿，酌焉而不竭，而不知其所由來，三句即天府之寔。此之謂葆光。葆，藏也，即滑疑之耀。故昔者堯問於舜曰：「我欲伐宗、膾、胥敖，南面而不釋然。言不能釋然于三國。其故何也？」舜曰：「夫三子者，猶存乎蓬艾之間。如在蓬艾之間，言其國之卑微也。若汝也。不釋然，何哉？昔者十日並出，萬物皆照，而況德之進乎日者乎？」況我天德，而不能三子乎？此言聖人不與人争，是其不知處，乃所以真知也。

齧缺問乎王倪曰：「子知物之所同是乎？」曰：「吾惡乎知之？」「子知子之所不知邪？」曰：「吾惡乎知之？」「然則物無知邪？」曰：「吾惡乎知之？雖然，嘗試言之：庸詎知吾所謂知之非不知邪？庸詎知吾所謂不知之非知邪？且吾嘗試問乎汝：民濕寢則腰疾偏死，鰌然乎哉？木處則惴慄恂懼，猨猴然乎哉？三者孰由是非及好惡，從好惡説利害，從利害入生死，惟至人死生無變于己，故能齊利害、好惡、是非而一之。

「瞿鵲」一段，承上文言至人之事。

知正處？民食芻豢，麋鹿食薦，草也。蝍且蝍，音即。蜈蚣。甘帶，蛇也。鴟鴉嗜鼠，四者孰知正味？猨猵狚以爲雌，猵，音偏。狚，音且。猵狚，似猿而狗頭，其雄者喜與雌猿交。麋與鹿交，〔一〕鰌與魚游。毛嬙、麗姬，人之所美也；魚見之深入，鳥見之高飛，麋鹿見之決驟。四者孰知天下之正色哉？處味色，人、物不同如是，若各以其知爲知之正，則處味色之知，原無定正，而所知者皆非正知矣。自我觀之，仁義之端，是非之塗，樊然殽亂，吾惡能知其辯？」齧缺曰：「子不知利害，則至人固不知利害乎？」王倪曰：「至人神矣。大澤焚而不能熱，河漢沍凍也。而不能寒，疾雷破山、風振海而不能驚。若然者，乘雲氣，騎日月，而游乎四海之外。死生無變於己，真己原無死生，故不爲死生所變。而況利害之端乎？」

瞿鵲子問乎長梧子曰：「吾聞諸夫子：『聖人不從事於務，不以世務爲事。不就利，不違害，不喜求，無求于世。不緣道；不踐迹而行道。無謂有謂，不言之言。有謂無謂，言而不言。而遊乎塵垢之外。』夫

〔一〕「麋與鹿交」四字原闕，據世德堂本補。

又發明死生無變意。

子以爲孟浪不着寔。之言，而我以爲妙道之行也。吾子以爲奚若？」長梧子曰：「是黄帝之所聽熒也，言妙道之行非人所易言，雖黄帝之聖，聽之亦熒惑。而丘也何足以知之？且女女，音汝。亦大大，音泰。早計，見卵而求時夜，見彈而求鴞炙。言子道〔一〕妙道尚早，而輕易言之，是猶纔見鷄卵而求其報更，見彈而便求食鴞炙也。予嘗爲女妄言之，女以妄聽之。前「不從事」至「之外」幾句，是正説至人，而反説「孟浪」一句。此下「旁日月」至「相藴」數句，是正説至人，而反説「妄言」、「妄聽」，是莊子誕謾本態，亦即彼之所謂「滑疑」者也。奚如何也。旁日月，挾宇宙，爲其脗脗，音吻。合，脗合造化之無爲。置其滑滑，音汩。涽，涽，音昏。以隸相尊？世人昏昧，以分相隸，以勢相尊。至人一切置之。衆人役役，因其知巧，役役于相尊相隸。聖人愚芚，芚，音屯。聖人以不知爲知，故混沌然。參萬歲而一成純。一念萬年，純一無間。萬物盡然，而以是相藴。藴，包也。萬物一體，皆以是包裹之也。予惡乎知悦生之非惑邪？予惡乎知惡死之非弱喪而不知歸者邪？歸，如「生寄

〔一〕「道」，原作「到」，據上下文意改。

因死生，又説到夢覺。

死歸」之「歸」。餒弱失志之人，不知此意，所以惡死也。麗之姬，艾封人之子也，晉國之始得之也，涕泣沾襟；及其至於王所，與王同筐牀，食芻豢，而後悔其泣也。予惡乎知夫死者不悔其始之蘄生乎？麗姬始不知至晉之樂，焉知人死之樂，不更甚于生乎？夢飲酒者，旦而哭泣；夢哭泣者，旦而田獵。言悲歡之變幻。方其夢也，不知其夢也。夢之中又占其夢焉，覺而後知其夢也。且有一本無「有」字。大覺而後知此其大夢也。而愚者自以爲覺，竊竊然知之。竊竊，猶察察也。君乎？牧乎？如牧人而夢爲君，焉知其爲君爲牧乎？固蔽也。哉，丘也。與女皆夢也。予謂女夢，亦夢也。是其言也，其名爲弔弔，音的。詭。弔，至也。詭，恑也。萬世之後，而一遇大聖，知其解者，是旦暮遇之也。會得此解，即得此道矣。既使我與若辯矣，若勝我，我不若勝，若果是也？我果非也邪？我勝若，若不我勝，我果是也？而果非也邪？其或是也？其或非也邪？其俱是也？其俱非也邪？我與若不能相知也。則人固受其黮黮，音但。闇，黮闇，不明貌。則人亦被若與我瞞了，不得明白。我、若，俱指立説者。吾誰使正之？使同乎若者正之，是他那邊人。

因「待彼」句，此段便說箇不相待，下又說有待。

既與若同矣，惡能正之？使同乎我者我這邊人。**正之，既同乎我矣，惡能正之？使異乎我與若者**是別立一說的人。**正之，既異乎我與若矣，惡能正之？使同乎我與若者**是兩倒的人。**正之，既同乎我與若矣，惡能正之？然則我與若與人俱不能相知也，而待彼也邪？」**彼，不必指是大聖。猶云我與若與人，皆不相知；及其相知，又只在我與若與人之間耳。而猶待夫彼也邪？是冷語喚人也。**「何謂和之以天倪？」**蓋此亦只在和之以自然而已。何謂自然之端倪？**曰：「是不是，然不然。**蓋以纔說箇是，便不是；纔說箇然，便不然。**是若果是也，則是之異乎不是也，亦無辯；**使是若果是，則彼不是者亦自以爲是矣，亦何辨乎？下「然」字，亦同此解。**然若果然也，則然之異乎不然也，亦無辯。化聲之相待，若其不相待，**聲，言也。言而不言，言幾于化。然言必有待而發，不言之言，若其不相待。**和之以天倪，因之以曼衍，**曼衍，無窮之意。和以自然，因而推之，至于無窮之變。**所以窮年也。**如是以終身也。**忘年忘義，**忘年，同死生也。忘義，齊是非也。如是以終身，則同死生、齊是非。**振於無竟，故寓諸無竟。」**振，收也，藏也。竟，極也。死生是非，蕩而爲一，則藏于無極矣。是以寓諸無極也，即「寓諸庸」意。

亦「安知是之非非、非之非是」意。會得此者，是非俱化。

罔兩問景曰：「曩子行，今子止；曩子坐，今子起。何其無特操與？」景曰：「吾有待而然者邪？景待形。**吾所待又有待而然者邪？**形待神。**吾待蛇蚹、**蚹，音附。**蜩翼邪？惡識所以然？惡識所以不然？」**蚹，蛇腹齟齬。蛇待蚹而行，蜩待翼而飛，而蚹翼之所以能行能飛，又必有主張之者。而其所以然不然，我惡能識之？我之待，其猶是邪？

昔者莊周夢爲蝴蝶，栩栩然得意貌。**蝴蝶也，自喻適志與？**喻，曉也。自曉其得意。**不知周也。俄然覺，則蘧蘧然**有形貌。**周也。不知周之夢爲蝴蝶與？蝴蝶之夢爲周與？**在周以夜之夢爲蝴蝶也，則今之覺，安知非蝴蝶之夢爲周也？**周與蝴蝶則必有分矣。此之謂物化。**周與蝴蝶似有分別，而不能知其周夢爲蝶，蝶夢爲周，會得此者，便可謂與物俱化。

不知蝶夢爲周、周夢爲蝶，真是彼此俱屬幻形，是非俱屬幻事，死生、好惡、得喪、悲歡，俱可一夢齊之矣。然結到周與胡蝶，則必有分。可見是非原有定理，第不以口舌爭之，激釀坑焚之禍耳。此固處亂世之一法也。

養生主第三

言養其主此生者。

吾生也有涯，而知也無涯。涯，際也，盡也。以有涯隨無涯，殆已；有涯之生，生滅之生，非不生之生也，故有盡。無涯之知，私見之知，非不知之知也，故無盡。人以生滅有限之生，而日逐逐於私見百出之知，大可危矣。已而爲知者，乃猶自以爲知，馳騁不休，終迷不悟者。殆而已矣。抑更危矣。爲善無近名，善必有名。爲善而無近名，是無爲善之迹也。爲惡無近刑。惡必有刑。爲惡而不近刑，是無爲惡之事也。緣督以爲經，緣，因也。督，中也。無善無惡，因乎中道以爲常行。按，「奇經」以背脊貫頂爲督。《禮記·深衣》注：衣背當中之縫，亦謂之督。故借來作「中」字用。可以保身，可以全生，可以養親，因親而生，全生即所以養親也。可以盡年。盡其自然之天年。

庖丁爲文惠君解牛，手之所觸，肩之所倚，足之所履，膝之所踦，踦，音紀。踦，跪壓也。四句寫解牛之形狀。砉砉，音翕。然嚮然，奏刀騞騞，音畫。然，砉然、嚮然、騞然，皆用刀之聲也。莫不中音，合於一作乎。《桑林》宋舞樂名。之舞，乃中《經首》《咸池》樂章。之會。文惠君曰：「譆，譆，音希。善哉，技蓋至此乎？」庖丁釋刀對曰：「臣之所好者道也，進乎技矣。技自學道得來。始臣之解牛之時，所見無非牛者；三年之後，未嘗見全牛也。方今之時，臣以神遇而不以目視，官知止而神欲行。耳目手足之官不動，而神明嘿運。依乎天理，循乎牛身自然之腠理。批大郤，同隙。導大窾，因其固然，技經肯綮之未嘗，而況大軱軱，音孤。乎？肯，着骨肉也。綮，肉結聚處也。軱，大骨也。言技之妙，即骨肉聯着處，吾刀未嘗一經着之，而況大骨乎？良庖歲更更，平聲。刀，割也；以刀割肉。族衆也。庖月更刀，折也。遇骨而刀折。今臣之刀十九年矣，所解數千牛矣，而刀刃若新發於硎。彼節者有間，間，去聲。牛骨節雖聯絡，然必有間隙。而刀刃者無厚；刀刃薄利。以無厚入有間，恢恢乎其於遊刃必有餘地矣。是以十九年而刀刃若新發於硎。雖然，每至於族，族，牛筋骨結聚處。吾見其難爲，也把作難事看。怵然爲戒，視爲止，視爲之定。行爲遲，運刀徐徐。動刀甚微，不甚用力。謋謋，音獲。然已解，謋，解貌。解，骨肉解散也。如土委地。提刀而立，爲之四顧，

爲之躊躇滿志，善刀而藏之。」 好好收拾其刀也。以無厚入有〔一〕間，是莊子大本領。間，即其所謂「督」也。人在兩邊，而我于其中間遊，何等逍遥？何至害生？故曰「恢恢」。然當禍福叢會、是非聚訟之處，此時亦須在意。大間大入，小間小入，無所不入，則無所不快，故又轉出「每見其族」一層，亦是處亂世一法。而解者遂謂之「用中慎獨」，妄矣。**文惠君曰：「善哉，吾聞庖丁之言，得養生焉。」**

公文軒見右師而驚曰：「是何人也？惡乎介也？ 介，刖而一足者。**天與？** 天生的。**其人與？」** 抑人刖之歟？**曰：「天也，非人也。天之生是使獨也，人之貌有與也。** 與，俱也，兩也。**以是知其天也，非人也。」** 言刖者是生時，天便要他一足，若論常人之貌，則皆兩足矣，是以知其天也。此喻禍福亦是天定，非人之所能爲。

澤雉十步一啄，百步一飲， 飲食不苟，言其畏謹。**不蘄畜乎樊中。** 以祈免樊籠之苦。**神雖王，** 王，去聲。**不善也。** 此又言若不能超然于禍福之外，而兢兢趨避，則爲禍福所縛。若澤雉之飲食危懼，以求免樊籠之患，則形神雖旺，亦不得逍

〔一〕「有」下原衍「有」字，據前引《莊子》原文刪。

遥而善矣。

老聃死，秦失失，當作佚。弔之，三號號，平聲。而出。弟子曰：「非夫子之友邪？」疑三號而出，于朋友之情薄也。曰：「然。」「然則弔焉若此，可乎？」曰：「然。始也吾以爲其人也，始以聃爲非常之人。而今非也。向吾入而弔焉，有老者哭之，如哭其子；少者哭之，如哭其母。彼其所以會之，其所以會合人心者。必有不蘄言而言，不蘄哭而哭者。必有不求譽而譽者至，不求哭而哭者至，言其必有感人之術也。是遁天倍情，忘其所受，天之所受，本是無情。今以情相感，是遁天倍情，而忘其所得于天者。古者謂之遁天之刑。罪也。適來，夫子時也；適去，夫子順也。死生一去來耳。生則時當來，死則理當去。夫子，至人可師者，不指老子。安時而處順，哀樂不能入也，自去自來，又何哀樂之感人心？古者謂是帝之縣縣，作懸。解。」帝，天也。縣解，解其縣也。言天不得以死生縛之。指窮於爲薪，火傳也，不知其盡也。火燃于薪，指薪爲火所窮盡，而世間之火，傳而不絶，未嘗見其盡也。形傳其神，見形之枯，未可便爲神之盡。則薪與形，特火與神之所寄，薪盡形枯，火、神自在。養生者，養此而已。此時釋教未來，而莊已發其端矣。

「顏回」一段，是說不召而往者之多事好名。多事好名，安得無禍？

人間世第四

言人既有此生，而處人間世上，豈能盡絕人事？但要處得好耳。

顏回見仲尼，請行。曰：「奚之？」曰：「將之衛。」曰：「奚爲焉？」曰：「回聞衛君，其年壯，其行獨，獨，自用也。輕用其國，而不見其過；輕用民死，輕用民力而賊殺之。死者以國量乎澤若蕉，量其國中之死者，若澤中之草芥然也。民其無如矣。回嘗聞之夫子曰：『治國去之，「丘不與易」之意。亂國就之，就而捄之。醫門多疾。』譬如醫之至其門者，以其多疾故也。願以所聞，思其則，思其所以處之之法。庶幾其國有瘳乎？」仲尼曰：「譆，若殆往而刑耳。汝殆往而被僇耳。夫道不欲雜，爲道不欲雜其心。雜則多，雜則多事。多則擾，擾亂人國。擾則憂，憂而不救。己且憂疑，安能捄人？古之至人，先存諸己而後存諸人。己有其具，然後應物。所存於己者未定，何暇至於暴人之所行？何暇暴白它人之行？且若汝也。亦知夫德之所蕩，消亡也。而知之所爲出乎哉？德蕩乎名，求名則喪德。知出乎爭。用知則起爭。名也者，相軋軋，音晏，入聲。傾奪也。也；知也者，争之器也。二者凶器，非所以盡行也。非所以盡保身處世之行。且德厚信矼，矼，音江。慤寔也。未達人氣；而不識人之性氣。名聞不争，名聞于人，而莫我争。未達人心。而未識人之心事。而彊以仁義繩墨之言，術術，一本作「衒」，連下「暴」字爲句。暴白也。人之前者，是以人惡有其美也，命之曰菑人。人謂其暴人之短之害人。菑人者，人必反菑之，若殆爲人菑夫？汝殆往而爲人所害。且苟爲悦賢而惡不肖，惡用而汝也。求有以異？且衛君誠好賢，則彼國自有賢者可用，惡用汝求異而自售？若惟無詔，汝惟不待召而自往。王公必將乘人而鬬其捷。彼必乘汝之輕身，而以知巧鬬汝而求勝于汝。而目將熒之，而，汝也。汝爲彼所困，而目將熒眩。而色將平之，平，卑下也。口將營之，營營焉以求自解。容將形之，形于足恭。心且成之。曲爲順成。是以火救火，以水救水，彼固獨行，而汝終順成，猶水火救水火也。名之曰益多。增其惡也。順始無窮，順之于始，終將何極？若殆以不信厚言，未相信而與之深言。必死於暴人之前矣。且昔者桀殺關龍逢，逢，音龐。紂殺王子比干，是皆脩其身以下傴傴，音羽。拊人傴拊，愛惜也。人，君也。之民，以下拂其上臣逆君。者也，故其君因其脩以擠擠，音濟。之。因其好善而摧害之。是好名者也。昔者堯攻叢枝、胥敖，禹攻有扈，國爲虚厲，宅無人曰虚，死無後曰厲。身爲刑戮。其用兵不止，其求實無已，其用兵不止者，以其求拂上之情寔不已也。是皆求名實好善之名，拂上之寔。者也，而獨不聞之乎？名實者，聖人之所不能勝勝，平聲。堪也。也，而況若乎？雖然，若必有以也，汝既欲往，必有其用。嘗試也。以語我來。」來，語詞。顔回曰：「端而虚，外端肅而内謙虚。勉而一，力強勉而德純一。則可乎？」曰：「惡，惡可。夫以陽爲充孔揚，彼志得意滿，外爲充積孔揚之色。采色不定，其喜惡之色無定。常人之所不違。凡人皆畏順之。因案人之所感，以求容與與，平聲。其心，容與，快適貌。言必將亦因以案服汝爲快意。名之曰日漸之德不成，而況大德乎？此雖稱之以漸進之小德，尚不能成，而況欲使之造于大德乎？將執而不化，子欲教之，將執而不化。外合而内不訾，訾，音子。其庸詎可乎？」欲使之外與子合，而内不毁子，豈可能乎？

曰：「然則我内直而外曲，成而上比。比，去聲。内直者，與天爲徒。與天爲徒者，知天子君也。之與己，我也。皆天之所子，生也。而獨以己言蘄乎而人善之，蘄乎而人不善之邪？言我與人君皆天所生，便爲一體，則有惡皆當諫之，豈以言爲己之言，祈乎人而人善之，祈乎人而人不善之耶？蓋聽與不聽皆當諫之也。若然者，人謂之童子，純一無僞。是之謂與天爲徒。外曲者，與人之爲徒也。擎執笏。跽跽，音計。長跪。曲拳，鞠躬。一本作「擎拳曲跽」。人臣之禮也，人皆爲之，吾敢不爲邪？爲人之所爲者，人亦無疵焉，是之謂與人爲徒。成而上比者，與古爲徒。則古昔，稱先王。其言雖教，讁之實也，古之有也，寔則古人臣之所有。非吾有也。非吾刱也。若然者，雖直不爲病，是之謂與古爲〔一〕徒。若是則可乎？」仲尼曰：「惡，惡可。大多政法而不諜，諜，音疊。言汝方法太多，終是不安。雖固，亦無罪。雖不爲病，固亦無罪。雖然，止是耳矣，然止于自免。夫胡可以及化？安可化人？猶師心者也。」是三術猶師心自用，非自然之道也。顏回曰：「吾無以進矣，敢問其方。」仲尼曰：「齋，吾將語若。有而爲之，其易邪？汝道有此三術而爲之甚易耶？易之者，皞

〔一〕「爲」，原作「與」，據世德堂本改。

天不宜。」即以爲易，然既師心，便與皞天自然之理不相宜。顏回曰：「回之家貧，唯不飲酒、不茹葷者數月矣。若此，則可以爲齋乎？」曰：「是祭祀之齋，非心齋也。」回曰：「敢問心齋。」仲尼曰：「若一志，無聽之以耳，而聽之以心；無聽之以心，而聽之以氣。聽止於耳，蓋聽以耳，止于外。心止於符。聽之以心，亦止于內外之相符。氣也者，虛而待物者也。氣則無乎不在，而無形聲之跡，虛而可以應物。唯道集虛。虛則道所會集。虛者，心齋也。」虛即心齋。顏回曰：「回之未始得使，未得聆教。實自回也；我見未忘。得使之也，得聆教後。未始有回也，則我忘矣。可謂虛乎？」夫子曰：「盡矣。虛之意盡此矣。吾語若。若能入遊其樊而無感其名，入遊世間而不爲虛名所感動。入則鳴，言可入則言之。不入則止。不可入則止。無門無毒，一宅而寓於不得已，門，如門路之門。無門，任物之自行也。毒，如以毒攻毒之毒。無毒，任物之自安也。與爲一家，而其鳴其止皆寓諸不得已之中。則幾矣。幾于處世之道矣。絕迹易，無行地難。人之處世，若但絕跡不行亦易，唯行而絕迹爲難。爲人使易以僞，役于人欲，易出于欺。爲天使難以僞。惟聽造物之使，則無所容其僞。聞以有翼飛者矣，未

樊，樊籠也。人在世間，如處樊籠，往往爲名所感動，惟達者能游戲其中，則雖處樊而得以自由。所以然者，以其不戀名也。故一動一言，皆寓于不得已，則不至于多事而免禍，此五句一段之旨。

「葉公」一段,言承君命者當安于義命,不必畏懼,此即所謂不得已者,則禍福當聽之。

聞以無翼飛者也;聞以有知知者矣,未聞以無知知者也。不假翼飛,乃爲真飛;不以知知,乃爲真知。是皆能虛而不着物者,吾未嘗聞有此等至人也。**瞻彼闋者,虛室生白,**闋,容光處也。白,明也。室之虛處爲闋。惟虛,故光入而明生焉。此喻人心惟虛,則意見不存而明足焉。**吉祥止止。**以此虛明應世,則萬變皆順,而得吉祥;以此而止,則止所當止矣。**夫且不止,是之謂坐馳。**則身坐此而心逐於彼,謂之坐馳。**夫狥耳目內通**有聰明而斂藏于內。**而外於心知,**心知之私,屏黜於外。**鬼神將來舍,**鬼神猶將憑之。**而況於人乎?是萬物之化也,**結前「及化」之意。**禹、舜之所紐也,**樞紐。**伏羲、几蘧**亦古帝王名。**之所行終,**行此以終身。**而況散焉者**謂衆凡人。**乎?」**

葉公子高將使於齊,問於仲尼曰:「王使諸梁也甚重,齊之待使者,蓋將甚敬禮貌雖隆。**而不急。**情寔疏慢。**匹夫猶未可動也,**匹夫志尚難奪。**而況諸侯乎?吾甚慄**懼也。**之。子嘗語諸梁也曰:『凡事若小若大,寡不道以懽成。**鮮有不以言語懽洽而成者。**事若不成,則必有人道之患;**謂刑責。**事若成,**勞心成事。**則必有陰陽之患。**謂疾病。**若成若不成而後無患者,惟有德者能之。』**此子嘗語我者。**吾食也**

執爨而不臧，今我自奉薄，食粗糲而不臧美。爨無欲清之人。爨事簡，無苦熱而欲清涼之人。今吾朝受命而夕飲冰，我其內熱與？言心中焦勞。吾未至乎事之情，未見行事之寔。而既有陰陽之患矣；事若不成，必有人道之患。是兩也，兩患。爲人臣者不足以任堪也。之，子其有以語我來。」仲尼曰：「天下有大戒大經大法。二：其一命也，命，謂受之于天。其一義也。義，謂人所當爲。子之愛親，命也，不可解于心；臣之事君，義也，無適而非君也，無所逃於天地之間。是之謂大戒。是以夫夫，語助詞。事其親者，不擇地而安之，地，謂所處之順達。孝之至也；夫事其君者，不擇事而安之，不擇事之難易。忠之盛也；自事其心以忠孝之心事君父。者，哀樂不易施乎前，境雖有哀樂之異，而心無變易。知其不可奈何而安之若命，德之至也。爲人臣子者，固有所不得已。義命所在，不得已者。行事之情而忘其身，但當盡我行事之寔，而不有其身。何暇至於悦生而惡死？夫子其行可矣。丘請復白也。以所聞：凡交近本國。則必相靡順也。以信，遠隣國。則必忠之以言，以忠誠之言告之。言必或傳之。言必藉使傳之。夫傳兩喜兩怒之言，傳兩君喜怒之言。**天下之難者也。夫兩喜必多溢**過也。**美之言，兩怒必多溢惡之言。凡溢之類也妄，**言過其寔，近于虛妄。**妄則其信之也莫，**人不肯信。**莫則傳言者殃。**兩君不信，則使者受罪。**故法言曰：『傳其常情，**但傳其寔言。**無傳其溢言，則幾乎全。』**乃可自全。**且以巧鬬力者，**謂以智巧鬬其力者。**始乎陽，常卒乎陰，**始則陽爲嬉戲，既則陰圖害之，所謂弄假成真也。**泰至則多奇巧；**蓋巧太甚，則多奇巧。奇巧，即陰圖害之也。**以禮飲酒者，始乎治，常卒乎亂，泰至則多奇樂。**奇樂，如恒舞酣歌、肉林酒池之類。**凡事亦然，始乎諒，**信也。**常卒乎鄙；**詐僞。**其作始也簡，其將畢也必巨。**始雖簡易，後便成件大事。**言者，風波也；行者，實喪也。夫風波易以動，實喪易以危。**言出于口，如風之起波，故易動；行有寔跡，若失其真，則易危。**故忿設無由，**忿言多是造設出來，没有來由。**巧言偏辭。**花巧言語，只説得一邊。**獸死不擇音，**音，去聲。**氣息茀然，**忿極之言，譬如獸死之不擇音〔一〕。猶言相駡無好言，其氣勃茀而出也。**於是並生心厲。**于是言與聽者，並

〔一〕音，原作「蔭」，據前引《莊子》原文改。

言語剋核太甚，則必有好險之心應之，此不期然而然者也。此心一生，紛争刼殺，其禍不可終窮。

承命而往，不得已也。若遷令勸成，則又生出事來，故戒之。「乘物」兩句，即前「遊樊」幾句意。

「顔闔」一段，說處世須要機權。

生忿厲之心。剋核太至，則必有不肖之心應之，而不知其然也。苟爲不知其然也，孰知其所終？故法言曰：『無遷令，不遷改君命。無勸成，不勸人成事。過度益也。』遷令勸成殆事，纔有過度念頭，求益其事而遷令勸成，則其事必殆。美成在久，兩君之好，非一日可成。惡成不及改，一言不合，便成惡，而言不及改矣。可不慎與？且夫乘物以遊心，託不得已以養中，至矣。何作爲報也？莫若爲致命，若能乘有物而游心于無物，託于不得已之義命，以養吾心之中，斯其至矣，何必過有作爲？以反命于君，莫若任其天數。此其難者。」然此亦豈易易哉？

顔闔將傅衛靈公太子，而問於蘧伯玉曰：「有人於此，其德天殺。殺，如「等殺」之殺。天生薄德人也。與之爲無方，任其敗度。則危我國；與之爲有方，以法度繩之。則危我身。則禍及己。其知適足以知人之過，而不知其所以過。自過則不知。若然者，吾奈之何？」蘧伯玉曰：「善哉問乎。戒之，慎之，正汝身哉。先正汝身。形莫若就，外爲恭慎將順之形。心莫若和。内盡我調和誘道之心。雖然，之二者有患。猶有患害。就不欲入，必也，形雖順而不與之苟同。和不欲出。雖和以道之于

「達之，入于無疵」，因機也。「螳螂」一小段，是說不審己量力者，惟不審量，故不知因機，且不知用權；「養虎」一段，用權也；「愛馬」一段，又是說犯其機者。三說不並，諸講多誤。

善，而不顯己名。形就而入，且爲顛爲滅，爲崩爲蹶；若就而入，則連自己放倒。心和而出，且爲聲爲名，爲妖爲孽。彼將惡我之聲名，而妄生妖孽。彼且爲嬰兒，無知識。亦與之爲嬰兒；彼且爲無町畦，町畦，音挺移。無分隔。亦與之爲無町畦；彼且爲無崖，無高下。亦與之爲無崖。總言彼之懵懂放蕩，我且順從之，此是用權處。達之，入於無疵。到彼可覺悟處，我一言以悟之，彼自然無疵矣，此因機也。汝不知夫螳螂乎？怒其臂以當車轍，不知其不勝任也，是其才之美者也。不知不勝任，而自爲美才也。戒之，愼之。積伐而美者以犯之，幾矣。自誇其美，以犯世之所忌，危矣。汝不知夫養虎者乎？不敢以生物與之，爲爲，去聲。其殺之之怒也；不敢以全物與之，爲其決之之怒也。決，嚙斷也。時其饑飽，達其怒心。虎怒物之生，怒物之全，故見生全者，必殺之齧之。今見無生物全物，則心遂而怒達。虎之與人異類，而媚愛。養己者，順順其心。也；故其殺者，爲虎所殺者。逆逆虎之心。也。夫愛馬者，以筐盛盛，音成。矢，以蜄蜄，仝蠙。蠡蚌之甲。盛溺。溺，烏去聲。言愛之至。適有蚉䖟僕養馬之卒。緣，而拊之不時，出馬之不意。則缺銜、毀首、碎胸。故馬驚而決去銜勒，毀

「匠石」以下三段，只是說無用不材爲貴。惟無用，故不多事；惟不材，故不好名。

不材。

壞其胸首之飾。意有所至，怒心忽至。而愛有所忘，遂忘前此之愛。可不慎邪？」

匠石之齊，至乎曲轅，山名。見櫟社樹。其大蔽牛，絜度也。之百圍，其高臨山，十仞而後有枝，其可以爲舟者旁十數。觀者如市，匠伯不顧，遂行不輟。弟子厭觀之，饜足觀之。走及匠石，曰：「自吾執斧斤以隨夫子，未嘗見材如此其美也。先生不肯視，行不輟，何邪？」曰：「已矣，勿言之矣。散散，上聲。木無用之木。也，以爲舟則沉，以爲棺槨則速腐，以爲器則速毀，以爲門户則液樠，樠，音瞞。津液樠樠然暗出。以爲柱則蠹。是不材之木也，無所可用，故能若是之壽。」匠石歸，櫟社見夢曰：「汝將惡乎比予哉？若將比予於文木邪？夫柤柤，音查。梨〔一〕橘柚，果蓏蓏，音裸。之屬，實熟則剥，則辱；大枝折，小枝泄。此以其能苦其生者也。能，才能也。故不終其天年而中道夭，自掊掊，音剖。取也。擊於世俗者也。

〔一〕梨，原作「黎」，據世德堂本改。

無用。

物莫不若是。且予求無所可用久矣，幾死，猶幾乎不免于剝辱。乃今得之，爲予大用。乃今得以無用爲予大用。使予也而有用，且得有此大也邪？且也若與予也皆物也，奈何哉其相物也？汝奈何以物相譏？而汝也。幾死之散人，又惡知散木？」匠石覺而診占也。其夢。弟子曰：「趣取無用，此木志趣既在無用。則爲社何邪？」又何爲而用於社？曰：「密，若無言。彼亦直寄焉，直寄寓于社耳。以爲不知己者詬厲也。今乃爲不知己者罵而辱之也。不爲社者，且幾有翦乎？縱不爲社，其有伐之者乎？且也彼其所保守身也。與衆異，而以義譽之，譽，作喻。而以尋常之義理喻之。不亦遠乎？」

無用。

南伯子綦遊乎商之丘，見大木焉，有異，結駟千乘，隱將芘其所藾。雖千駟隱于樹下，而其所芘覆亦能藾蔭及之。子綦曰：「此何木也哉？此必有異材夫？」仰而視其細枝，則拳曲而不可以爲棟梁；俯而視其大根，則軸解如輪軸之解散。而不可以爲棺槨；咶咶，仝舐，音底。其葉，則口爛而爲傷；嗅之，則使人狂酲三日而不已。

不材。

子綦曰：「此果不材之木也，以至於此其大也。嗟乎，神人以此不此言有用而材者有禍。荊氏，地名也。

「支離」一段，言不材無用者，不唯無禍，而反得福。

材。」是以至人亦以是不材，故精神凝而天獨全。

宋有荊氏者，宜楸柏桑。其拱把而上者，求狙猿之杙杙，音弋。杙，所以棲戲狙猿者。**者斬之；三圍四圍，求高名**大家也。**之麗**當作欐，棟也。**者斬之；七圍八圍，貴人富商之家求樿傍者**棺之全邊者。**斬之。故未終其天年，而中道之夭於斧斤，此材之患也。故解**祭祀解賽也。古者天子春有解祀。**之以牛之白顙者，與豚之亢鼻者，與人有痔病者，不可以適河。**不可用以祭河。**此皆巫祝以知之矣，所以爲不祥也。此乃神人之所以爲大祥也。**巫祝知三者不可用以祭，爲不祥之物，而至人則以無用爲大祥也。

支離疏者，支離，動作窒礙貌。疏，其名也。**頤隱於齊，**頤，頷也。隱，藏也。齊，作臍。言其頭背屈曲，而頤藏于臍也。**肩高於頂，會撮**會，髮爲髻。撮，緇撮也。背曲頭低，故髻撮上指也。**指天，五管在上，**五，五臟也。管，腧也。五臟附背，背曲，故五臟之腧在上也。**兩髀爲脅。**髀，腿也。脅，肋也。背曲，故腿與肋並。**挫鍼**縫衣。**治繲，**繲，音戒。浣衣。**足以糊口；鼓筴播精，**以箕播米。**足以食十人。上徵武士，則支離攘臂於其間；**恨其不用。**上**

此段言處亂世，尤以無用爲尚也。

有大役，則支離以有常疾不受功；上與病者粟，則受三鍾與十束薪。夫支離其形者，猶足以養其身，終其天年，又況支離其德者乎？支離其德，謂藏其用、泯其迹，愚鈍而固滯也。

孔子適楚，楚狂接輿遊其門曰：「鳳兮鳳兮，何如德之衰也？來世不可待，往世不可追也。天下有道，聖人成成其功。焉；天下無道，聖人生焉。全其生。方今之時，僅免刑焉。福輕乎羽，莫之知載；福輕易載而不知載。禍重乎地，莫之知避。已乎已乎，臨人以德。自尊其德而欲臨人。殆乎殆乎，畫地而趨。四方戲戲而欲騁也。迷陽迷陽，迷陽，棘草，蔓延迷失道路者。言舉世皆荆棘也。無傷吾行。吾行郤曲，郤曲，非直道。言世險阻也。無傷吾足。」當思自全。

山木，自寇也；膏火，自煎也。桂可食，故伐之；漆可用，故割之。人皆知有用之用，而莫知無用之用也。

大旨以人處世間，不可強出頭做事，故惟不材無用者可以全生；然亦說無用之用，原不是一味没用也，以無用爲作用耳。其中因機用權，此又爲不得已而任事者别開生路。

德充符第五

大意言德充而後符其形也。然至人則務充其德，不以形論。

魯有兀者 兀，當作介，刖而一足者也。 王駘，從之遊者與仲尼相若。常季問於仲尼曰：「王駘，兀者也，從之遊者與夫子中分魯。立不教，坐不議，虛而往，實而歸。 不以言語示人，而從之者皆有所得。 固有不言之教，無形而心成者邪？ 外無形迹而心感化之。 是何人也？」仲尼曰：「夫子，聖人也，丘也直後而未往爾。 直，但也。我亦欲從之，但後于衆人而未往耳。 丘將以爲師，而況不若丘者乎？奚假魯國， 奚待魯人？ 丘將引天下而與從之。」常季曰：「彼兀者也，而王 王，去聲。勝也。 先生，其與庸亦遠矣。若然者，其用心也獨若之何？」仲尼曰：「死生亦大矣，而不得與之變； 即「死生無變于己」之意。 雖天地覆墜，亦將不與之遺。 遺，失也。雖天墜地覆，而其神獨存。 審乎無假 假，借也，待也。知其無假，即遊無窮，而惡乎待者也？ 而不與物遷， 惟無待，故超物而不與物俱化。 命物之化而守其宗也。」 且能主張萬化，而執其樞紐也。 常季曰：

「何謂也？」仲尼曰：「自其異者視之，肝膽楚越也；肝膽相附，而肝不可以爲膽，膽不可以爲肝，如楚越然。自其同者視之，萬物皆一也。夫若然者，且不知耳目之所宜，耳亦可視，目亦可聽，如六用一原意。而遊心乎德之和；渾合和同。物視其所一，既遊于和，則視物皆一。而不見其所喪，不見彼此得喪。視喪其足猶遺土也。」常季曰：「彼爲己。以其知得其心，以其心得其常心，「彼爲己」三句一串説下，言彼之爲道也，不過以知得其心，以其心得其常然不變之心已耳。物〔一〕何爲最最，如「以此爲最」之最。之哉？」仲尼曰：「人莫鑑於流水，而鑑於止水，水定能鑑衆形。惟止能止衆止。心定能止衆止。受命於地，惟松柏獨也在，草木皆受命于地，惟松柏獨在而不凋。冬夏青青；受命於天，惟舜獨也正，人皆受命于天，惟舜獨得其正。幸能正生，以正衆生。舜能正己之性，以正衆性。夫保始之徵，不懼之實。保其太始之正性，堅固不撓，正如大勇者有不懼之寔心。勇士一人，雄入於九軍。九軍，如兵書「九天」、「九地」之説。將求名而能自要者

〔一〕「物」字原奪，據世德堂本補。

而猶若是，而況官天地，府萬物，言求名自信者，猶不憚生死如是，而況「官天」云云者乎？官，公也。府，藏也。言與天地萬物爲一體者。直寓六骸，象耳目，直寄寓此六骸之中，而偶以耳目爲象。一知之所知，一知其本然之知。而心未嘗死者乎？彼且擇日而登假，心未嘗死，即前「薪盡火傳」之說。登，升也。假，讀作「遐」。擇日升假，猶自去自來之意，大抵言死生無變于己也。人則從是也。人之從之者因是也。彼且何肯以物爲事乎？」物，亦事也。彼焉肯以教人之事爲事乎？

申屠嘉，兀者也，而與鄭子產同師於伯昏無人。子產謂申屠嘉曰：「我先出則子止，子先出則我止。」其明日，又與合堂同席而坐。子產謂申屠嘉曰：「我先出則子止，子先出則我止。今我將出，子可以止乎？其未邪？且子見執政而不違，避也。子齊執政乎？」申屠嘉曰：「先生伯昏無人。之門，固有執政焉如此哉？子而悦子之執政而後人者也？言先生之門乃論德之地，固有以勢位相誇耀者哉？子而自喜其得執政，而以貴先人。聞之曰：『鑑明則塵垢不止，止則不明也。久與賢人處，則無過。』今子之所取大求廣其見識。者，先生也，而猶出言若是，不亦過乎？」子產曰：「子既若是矣，如是兀矣。猶與堯爭善。計子之德，不足以自反自量。邪？」申屠嘉曰：「自狀其過，以不當亡者衆；不狀其過，以不當存者寡。凡人自認其無罪，謂足不當亡者衆；肯自認其罪，謂足不當存者少。知不可奈何而安之若命，惟有德者能之。遊於羿之彀中，言處人世，履危機，如遊于羿之彀中。中央而當鵠之中央。者，中地也；此必中之地也。然而不中者，命也。特其命耳。人以其全足，笑吾不全足者衆矣，我怫然而怒；而適先生之所，則廢然而反。不知先生之洗我以善邪？是先生以善滌我而不自知也。吾與夫子遊十九年矣，而未嘗知吾兀者也。今子與我遊于形骸之內，形骸之內，德也。言子與我同遊于德。而子索我於形骸之外，外，迹也。不亦過乎？」子產蹵然改容更貌，曰：「子乃無稱。」言我已知，子不必更言。

魯有兀者叔山無趾，踵見仲尼。仲尼曰：「子不謹前，既犯患若是矣，雖今來，何及矣？」無趾曰：「吾惟不知務，而輕用吾身，吾是以亡足。今吾來也，猶有尊足者存，尊足，尊于足者，謂德也。吾是

狀，訟也。自狀，自訟其無過也；不狀，不自訟其無過也。

以務全之也。夫天無不覆，地無不載，吾以夫子爲天地，安知夫子之猶若是也？」孔子曰：「丘則陋矣。夫子胡不入乎？請講以所聞。」無趾出。孔子曰：「弟子勉之。夫無趾，兀者也，猶務學以復補前行之惡，而況全德之人乎？」無趾語老聃曰：「孔丘之於至人，其未邪？彼何賓賓以學子爲？彼且蘄以諔諔，音淑。詭幻怪之名聞，彼且汲汲焉求以奇異非常之名聞于世。不知至人之以是是，指名。爲己桎梏邪？」老聃曰：「胡不直使彼以死生爲一條，以可不可爲一貫者，解其桎梏，其可乎？」無趾曰：「天刑之，天刑，即前「遁天之刑」，與「桎梏」字相應。安可解？」

魯哀公問於仲尼曰：「衛有惡人醜貌者。焉，曰哀駘駘，音臺。它。它，音陀。丈夫與之處者，思而不能去也；婦人見之，請於父母曰『與人爲妻，寧爲夫子妾』者，數十而未止也。未嘗有聞其唱者也，不先作爲。常和而已矣。但因人附和。無君人之位以濟乎人之死，無聚祿以望人之腹。望，飽也。又以惡醜貌。駭天下，和而不唱，知不出乎四域，無遠畧。且而雌雄合乎前，人愛□如雌雄相戀。是必有異乎人者也。寡人召而觀之，果以惡駭天下。與寡人處，不至以月數，而寡人有意乎其爲人也；不至乎期年，而寡人信之。國無宰，而寡人傳國 委以國政。 焉。悶然而後應， 無心而應。 氾而若辭。 畧無係着。 寡人醜乎， 自愧。 卒授之國。無幾何也，去寡人而行，寡人恤焉若有亡也，若無與樂是國也。是何人者 是何如人，而使人愛戀若是也？ 也？」仲尼曰：「丘也嘗使於楚矣，適見㹠子食 食，音嗣。乳也。 於其死母者，少焉眴 眴，音瞬。視也。 若，皆棄之而走。不見己焉爾， 以爲死母之不見己焉耳。 不得類焉爾。 以母形之僵，不類己焉耳。 所愛其母者，非愛其形也，愛使其形者也。戰而死者，其人之葬也，不以翣資； 翣，音殺。 刖者之屨，無爲愛之。皆無其本矣。 戰以武爲本，屨以足爲本，戰死不武，刖者無足，皆無其本，故薄葬，故無爲愛也。 爲天子之諸御，不爪翦，不穿耳； 嬪御不翦不穿，以全形邀至尊之眄。 取妻者止于外，不得復使。 將娶妻者，不在官執役，恐胼胝之，無以邀新婚之歡。 形全猶足以爲爾， 形全猶足以動人。 而況全德之人乎？今哀駘它未言而信，無功而親，使人授己國，惟恐其不受也，是必才全而德不形者也。」哀公曰：

「何謂才全？」仲尼曰：「死生存亡，窮達貧富，賢與不肖毁譽，饑渴寒暑，是事之變，命之行也；天命流行。日夜相代乎前，而知不能規乎其始者也。雖知者不能求其始。故不足以滑 滑，音汩。和，誠知其未始有始，何至滑亂我之太和？不可入於靈府。不可留于胸中。使之和豫通而不失於兑；兑，悦樂也。要使和豫通，而不失我之真樂。日夜無郤，郤，同隙。而與物爲春，是接而生時於心者也。郤，間也。「春」字有和而不滯之意，兼下「時」字，其義始全。言此真樂日夜無間，而與物同春，則日與物接而生時于心也。是之謂才全。」「何謂德不形？」曰：「平者，水停之盛也。天下之平者，莫過于停水。其可以爲法也，内保之 平則内能自保。而外不蕩也。停則外不摇蕩。德者，成和之脩也。全此性中和德之脩。德不形者，物不離也。」大意言水以流爲用，以停爲德，停則平，平則無波濤之險。德藏于中而不形，則物不忌，而與之不相離也。哀公異日以告閔子曰：「始吾以南面而君天下，執民之紀而憂其死，吾自以爲至通矣。言吾爲君而愛民，吾以爲通乎人情矣。今吾聞至人之言，恐吾無其實，輕用吾身而亡吾國。吾與孔丘非君臣也，德友而已矣。」

闉跂支離無脤 脤，仝唇。說 說，音稅。下仝。衛靈公，靈公説之，兑仝。而視全人，其脰 脰，音豆。肩肩。視全人反不如之，而覺其頸之肩肩然細小也。甕㼜 㼜，仝盎。大癭説齊桓公，桓公説之，而視全人，其脰肩肩。故德有所長，而形有所忘。愛其德之長，而忘其形之虧。人不忘其所忘，所忘，謂所當忘者，形也。而忘其所不忘，所不忘，謂所不當忘者，德也。此謂誠忘。此真忘者。故聖人有所遊，心與天遊。而知爲孽，以知爲妖孽。約爲膠，以約禮爲膠滯。德爲接，以德惠爲應接。工爲商。以技能爲行貨。聖人不謀，無思慮。惡用知？不斵，質任自然。惡用膠？無喪，惡用德？有得于心之謂德。本無所喪，惡用得？不貨，深藏若虛。惡用商？四者，天鬻也。無所用，則心與天遊。天遊者，天育之。天鬻也者，天食 食，音嗣。也。食，飽之也。天飽之以道。既受食於天矣，又惡用人？有人之形，無人之情。四者不用。有人之形，故群於人；與人同處。無人之情，故是非不得於身。是非聽之于物。眇乎小哉，以一身而群于天下，眇乎小矣。所以屬於人也。群則聯屬乎人。謷 謷，音敖。大貌。乎大哉，獨成其天。然心與天遊，不與物伍，則獨成其天也。

此段「情」字，前「無人之情」情字生出。

惠子謂莊子曰：「人故無情乎？」莊子曰：「然。」惠子曰：「人而無情，何以謂之人？」莊子曰：「道與之貌，天與之形，惡得不謂之人？」惠子曰：「既謂之人，惡得無情？」莊子曰：「是非吾所謂情也。言人固有情，非吾前所謂「無情」之情也。吾所謂無情者，言人之不以好惡内傷其身，常因自然而不益生也。」惠子曰：「不益生，何以有其身？」不益生，則生易盡，何以有其身？莊子曰：「道與之貌，天與之形，無以好惡内傷其身。言不傷身則有身，即就前語以答惠子何以有其身也。今子外乎子之神，勞乎子之精，倚樹而吟，據槁梧或云琴，或作几。而瞑。天選子之形，選擇而授之也。子以堅白惠子之説。鳴。」言天與子形，而子以強辯自傷其身也。

三箇臏脚，一箇醜漢，兩箇殘疾，賦形甚嗇。惠子形貌無虧，乃天選擇而授之者也。然彼皆樹德自全，此獨強辯傷身，此充與不充之別也。

大宗師第六

大宗師，道也。聖法天，天法道，故以道爲大宗師。道即外生死而安命是也。

知天之所爲，自然也。**知人之所爲者，**以人合天。**至矣。知天之所爲者，天而生也；**凡事皆出於天之自然也。**知人之所爲者，以其知之所知，以養其知之所不知，**以其不可知者，付之于天，而涵泳以養之。**終其天年而不中道夭者，是知之盛也。雖然，猶有患。**知天知人，未免兩橛，故猶有患。**夫知有所待而後當，**知必待事之既定，然後見得知之當。**其所待者特未定也。**今所爲知，猶方待定而未嘗定也。**庸詎知吾所謂天**終其天年。**者之非人**夭折者。**乎？所謂人之非天乎？且有真人，而後有真知。**天人合一，乃爲真知。**何謂真人？古之真人，不逆寡，**寡，不足處也。不知其不足而順以處之。**不雄成，**雄，自矜也。成，成功也。不知其成功而雄之。**不謩**謩，仝謨。**士。**士，作事。不知其爲事而有心以爲之。**若然者，過而弗悔，當而不自得也；**不以得失經心。**若然者，登高不慄，入水不濡，入火不熱。**

是知之能登假於道也若此。「登高」三句，言其無入而不自得也。假，作遐。登遐于道，造道之絶頂也。古之真人，其寢不夢，其覺無憂，不夢，神定也。無憂，逍遥也。其食不甘，忘味。其息深深。不浮露。真人之息以踵，息猶不息。衆人之息以喉。屈服者，其嗌嗌，音厄。言若哇。惟息以喉，所以有言。然内無真知，未免屈服于人，而又欲言，故其嗌言若哇也。嗌，噎也。哇，吐貌。其耆欲深者，其天機淺。

古之真人，不知説生，不知惡死；其出不訢，其入不距。翛然而往，翛然而來而已矣。不忘其所始，不求其所終；知始之所以來，即知終之所以往，所以不必求也。受而喜之，受命而生，常逍遥也。忘忘其死。而復之。復，復命而死也。是之謂不以心捐道，不以有心累道。不以人助天，夭壽聽天。是之謂真人。若然者，其心志，中有主。其容寂，外不動。其顙頯；頯，音揆。凄然似秋，意態冷淡。煖煖，音暄。然似春，神氣温和。喜怒通四時，與物有宜而莫知其極。故聖人之用兵也，亡國而不失人心。利澤施乎萬世，而不爲愛人。言以喜怒通四時，而與物有宜者。譬如聖人之用兵以毒天下而人不怨，利澤及萬世而非愛人，總是因物付物，而無心于物也。故樂通物，有心以樂物，是以施利澤爲愛人也。非聖人也；有親，有親必有疏。非仁也；天時，喜怒通四時，若不能通，獨天之有其時也。非賢也；利害不通，分别利害。非君子也；行名失己，務名喪真。非士也；亡身不真，謂不得其死，及中道夭折者。非役人也。役于人而非役人者。若狐不偕、務光、伯夷、叔齊、箕子、胥餘、紀他、申徒狄，是役人之役，適人之適，而不自適其適者也。古之真人，其狀義而不朋，中立不倚。若不足而不承；自視欿然，而不以卑承人。與乎自然貌。其觚而不堅也，有廉隅而不硜硜也。張乎其虚而不華也；大乎無寔迹，而非虚飾也。邴邴喜貌。乎其似喜乎，崔下也。乎其不得已乎；不得已而後應。滀淵停意。乎進我色也，即睟然見于面意。與容受意。乎止我德也；即「吉止止」[一]意。厲乎其似世乎，嚴不可犯，而仍與俗同。謷大也。乎其未可制也；大而世不得以限我。連撿括意。乎其似好閉也，未言似不欲言。悗悗，門上聲。順下貌。乎忘其言也。既言若無言。以刑爲體，本也。以禮爲

〔一〕底本如此，據《莊子·人間世》原文，應作「吉祥止止」。

翼，輔也。以知爲時，運行也。以德爲循。持循也。以刑爲體者，綽乎其殺也；殺，當如斬斷葛藤之解。綽乎，遊刃有餘也。以禮爲翼者，所以行于世也；按，《莊子》純是寓言，刑禮寔解不得。大意言世情纏擾，不是真人一刀兩段，怎得解脱？然又離世不得，所以又要以禮爲輔，蓋時時在中間遊也。以知爲時者，不得已於事也；不得已而應事，所以未嘗見其有爲。四時迭運，寒暑推遷，何嘗留些形迹在？以德爲循者，言其與有足者至於丘也。而人真以爲勤行者也。循德以登假于道，言其如人之有足，能自卑而升高也。然真人無待于行，而不知者遂真謂其勤勞于行也。故其好之也一，其弗好之也一。其好之一同于惡，其惡之一同于好。蓋好惡俱泯也。其一也一，其不一也一。其一與天爲徒，其不一與人爲徒。無好惡者，一與天爲徒；其有好惡者，一與人爲徒。一以天勝，一以人勝也。天與人不相勝也，若夫無好無惡，無天無人，天人合一，無相勝者。是之謂真人。

死生，命也；其有夜旦之常，如旦之必夜。天也。天即命。人之有所不得與，與，去聲。皆物之情也。此皆物之寔理。彼特以天爲父，而身猶愛之，而況其卓乎？彼人以天之生我如父，而猶愛此生；況道尊于天，當死而死，而獨惡之乎？ 人特以有君爲愈乎己，而身猶死之，而況其真乎？ 人特以君爲尊于己，而猶然死之，如比干、伯夷輩，而況其真君乎？甚言死之不必惡也。 泉涸，魚相處於陸，相呴 呴，音吁。 以濕，相濡以沫，不如相忘於江湖。 與其譽堯而非桀也，不如兩忘而化其道。 夫大塊載我以形，勞我以生，佚我以老，息我以死。 故善我生者，乃所以善吾死也。 死生一理，忘生死，即所以善生，即所以善死也。 夫藏舟於壑，藏山於澤，謂之固矣。 然而夜半有力者負之而走，昧者不知也。 此通下一段，言人不能逃生死，這幾句須會意講。 大意言藏舟于壑，藏山于澤，亦可謂藏之密矣，然壑澤亦在氣化之中，終不能免遷流之變，昧者特不覺耳。「藏」字，即下「遯」字意。 藏小大有宜，猶有所遯。 然或藏小于大之中，以謂藏得其宜，而猶可逃遁。 若夫藏天下於天下而不得所遯，是恒物之大情也。 若夫以天下之物，即藏於天下之中，儘你善藏，到底只在天下而不能遯逃，是物之寔理也。 特 偶也。 犯 着也。 人之形而猶喜之。 人在世間必有形，而我偶犯着其形而喜得爲人。 若人之形者，萬化而未始有極也， 凡所以順適其形者，千變萬化而未始有極也。 其爲樂可勝計邪？ 故聖人將遊於物之所不得遯而皆存。 生死，物之所不得遯也。

聖人逍遥于物之不得遯，而與道皆存。**善夭善老，善始善終，**聖人善此四者。**人猶效之，**人猶當法之。**又况萬物之所係，而一化之所待乎？**而况大宗師乃萬物之所係，一化之所待乎？萬化統于一化，故曰一化。

夫道，有情静而動。**有信，**動不逐物，雖動亦静。**無爲無形；可傳**有師。**而不可受，**可心傳而不可言受。**可得而不可見；**可心得而不可形接。**自本自根，**道即本根，更無有爲之本根者也。**未有天地，自古以固存；**未有天地，先有此道。**神鬼神帝，**帝，天帝也。鬼帝得此以神。**生天生地；**天地由此以生。**在太極之先而不爲高，在六極之下而不爲深，先天地生而不爲久，長於上古而不爲老。狶韋氏**古帝王也。**得之，以挈天地；伏戲得之，以襲氣母；**氣化之母，即兩儀生象生卦也。**維斗**四維星斗。**得之，終古不忒；**不差其度。**日月得之，終古不息；勘坏**崑崙之神。**得之，以襲崐崘；馮夷得之，以遊大川；肩吾**泰山之神。**得之，以處泰山；黄帝得之，以登雲天；顓頊得之，以處玄宫；禺**禺，音愚。**强得之，**禺强，北方之神。**立乎北極；西王母得之，坐乎少廣，**西方空界之名。**莫知其始，莫知其終；彭祖得之，上及有虞，下及五伯；**言其壽長。

傅說得之，以相武丁，奄有天下，乘東維，騎箕尾，而比於列星。 箕尾一星爲傅說星。

南伯子葵問乎女偊 偊，音禹。 曰：「子之年長矣，而色若孺子，何也？」曰：「吾聞道矣。」南伯子葵曰：「道可得學邪？」曰：「惡，惡可。子非其人也。夫卜梁倚有聖人之才，而無聖人之道；我有聖人之道，而無聖人之才。吾欲以教之，庶幾其果爲聖人乎？不然，以聖人之道告聖人之才，亦易矣。吾猶守而告之，參 同三。 日而後能外天下； 忘富貴。 已外天下矣，吾又守之，七日而後能外物； 忘人己。 已外物矣，吾又守之，九日而後能外生； 忘身。 已外生矣，而後能朝徹； 一旦豁然貫通。 朝徹，而後能見獨； 獨見真性。 見獨，而後能無古今； 無古今，而後能入於不死不生。 殺生者不死，生生者不生。 殺其生而不爲死，生其生而不爲生。 其爲物，無不將也，無不迎也，無不毀也，無不成也。其名爲攖寧。 攖，擾也。雖擾，而我之定者常定也。 攖寧也者，攖而後成者也。」 惟攖之，而後成其寧也。 南伯子葵曰：「子獨惡乎聞之？」曰：「聞諸副墨之子，副墨 副墨，書也。

之子聞諸洛誦，誦，讀也。之孫，洛誦之孫聞諸瞻明，瞻明，視也。瞻明聞諸聶許，聶許，聽也。聶許聞之需役，需役，耳聽手書，待役于主人。需役聞之於謳，於謳，嘆而咏之。於謳聞之玄冥，玄冥，氣始也。玄冥聞之參寥，參寥，無始也。參寥聞之疑始。」疑始，無始之始，疑有始，而未始有始也。

子祀、子輿、子犂、子來四人相與語曰：「孰能以無爲首，以生爲脊，以死爲尻？尻，高敖切〔一〕。孰知死生存亡之一體者？吾與之友矣。」四人相視而笑，莫逆於心，遂相與爲友。俄而子輿有病，子祀往問之。曰：「偉哉，夫造物者將以予爲此拘拘病狀。也。曲僂發背，瘡也。上有五管，瘡上有五管。頤隱於齊，肩高於頂，句句，音勾。贅髻也。指天。」陰陽之氣有沴，戾也。其心閒而無事，跰𨇤跰，音駢。𨇤，音仙。病不能行貌。而鑑於井，曰：「嗟乎，夫造物者又將以予爲此拘拘也。」子祀曰：「女惡惡，死也。之乎？」曰：「亡，亡，全無。予何惡？浸假而化予之左臂以爲雞，予因以求時夜；浸假而化予

〔一〕「切」字原闕，據文意補。

之右臂以爲彈，予因而求鴞炙；浸假而化予之尻以爲輪，以神爲馬，予因而乘之，豈更駕哉？言假使造物浸浸而化予身爲異物，則予就在異物中安其常、適其適也。且夫得者，謂生。時也；失者，謂死。順也。安時而處順，哀樂不能入也。此古之所謂縣解。縣而不能自解者，物有結之。爲物所纏縛。且夫物不勝天久矣，吾又何惡焉？」俄而子來有病，喘喘然將死，其妻子環而泣之。子犁往問之，曰：「叱，避，叱其妻子避去，毋哭泣也。無怛化。」無驚將化之人。倚其户與之語曰：「偉哉，造化。又將奚以汝爲？將奚以汝適？將化汝爲何物？將使汝何往？以汝爲鼠肝乎？以汝爲蟲臂乎？」鼠肝、蟲臂，至微至賤之物。子來曰：「父母於子，東西南北，唯命之從。陰陽於人，不翅於父母。彼近速也。吾死而我不聽，我則悍矣，彼何罪焉？夫大塊載我以形，勞我以生，佚我以老，息我以死。故善吾生者，乃所以善吾死也。今大冶鑄金，金踊躍曰：『我且必爲鏌鋣。』良劍。大冶必以爲不祥之金。今一犯人之形而曰：『人耳，人耳。』言願生而爲人。夫造化者必以爲不祥之人。今一以天地爲大鑪，以造化爲大冶，惡乎往而不可哉？」成然寐，生爲寐。蘧然覺。死爲覺。

子桑户、孟子反、子琴張三人相與友曰：「孰能相與於無相與，無心也。相爲於無相爲？無爲也。孰能登天遊霧，遊于虛無。撓挑戲美貌。無極，相忘以生，不戀生。無所終窮？」不惡死。三人相視而笑，莫逆於心，遂相與爲友。莫然有間，而子桑户死，未葬。孔子聞之，使子貢往待事助喪事。焉。或編曲，織箔。或鼓琴，子反、子琴所爲如此。相和而歌曰：「嗟來，桑户乎。嗟來，桑户乎。而已反其真，而我猶爲人猗。」嘆聲。子貢趨而進曰：「敢問臨尸而歌，禮乎？」二人相視而笑曰：「是惡知禮意？」子貢反，以告孔子，曰：「彼何人者邪？脩行無有，而外其形骸，臨尸而歌，顔色不變，無以命名也。之。彼何人者邪？」孔子曰：「彼，遊方之外者也；猶云出世法的人也。而丘，遊方之内者也。在世法中者。外内不相及，而丘使女往弔之，丘則陋矣。彼方且與造物者爲人，友也。而遊乎天地之一氣。天地未分之前。彼以生爲附贅縣疣，疣，音尤。以生爲累。以死爲決疢疢，音換。潰癕。死則脱累。夫若然者，又惡知死生先後之所何方之依，是説爲子貢聞言方外之高妙，而因問夫子「宜何方之依」，而子答之以「但當各安其道，不必羨彼方外也」。

在？假於異物，託於同體；彼之視生，不過謂借形于物，託爲同體耳。忘其肝膽，遺其耳目；所以身之内外，俱爲可忘。反覆終始，不知端倪；任其變化，而不知反覆終始之端倪也。芒然無着貌。彷徨乎塵垢之外，逍遥乎無爲之業。彼又惡能憒憒然爲世俗之禮，以觀衆人之耳目哉？」言以禮爲衆人耳目之觀。子貢曰：「然則夫子何方之依？」曰：「丘，天之戮民也。雖然，吾與汝共之。」雖爲僇民，然吾與女已共居方内。子貢曰：「敢問其方？」孔子曰：「魚相造遊也。乎水，人相造乎道。相造乎水者，穿池而養給；既遊于水，則不論水之大小，即穿池而養亦足也。相造乎道者，無事而生定。無事更慕他途，而生有定業也。故曰：魚相忘乎江湖，江湖，只作水説，不必言大于池也。人相忘乎道術。」言方内者雖拘拘然與方外不同，然各相安于道術而已。子貢曰：「敢問畸人？」言方外者既與我方内者不同，則是畸人也，敢問畸人何如？曰：「畸人者，畸於人而侔於天。故曰：天之小人，人之君子；人之君子，天之小人也。」彼故曰：爲世俗之禮者矜細行，乃天之小人云云也。

顔回問仲尼曰：「孟孫才，其母死，哭泣無涕，中心不慼，居喪不哀。無是三者，以善喪蓋魯國。固有無其實而得其名者乎？回一恠之。」仲尼曰：「夫孟孫氏盡之矣，進於知矣，盡道而知天矣。惟簡之而不得，凡人欲簡畧哭泣，惟溺于愛欲而不得。夫已有所簡矣。今孟孫已能簡矣。孟孫氏不知所以生，不知所以死；視死生爲固然。不知就先，不知生，故不知生可欲而先就之。不知就後；不知死，故不以死可惡而欲後就之。若化爲物，順其化爲異物。以待其所不知之化。聽其自然。已乎，休心泯意。且方將化，惡知不化哉？方將不化，惡知已化哉？四句正是不知處。吾特與汝，其夢未始覺者邪？化與不化等于夢覺。今吾與汝，特夢而未覺者邪？且彼有駭形喪容也。而無損心，不滅性。有旦宅生寄。而無情死。寔死。孟孫氏特覺，獨見得透。人哭亦哭，姑隨人情。是自其所以乃。是人所欲簡不得而已有所簡者，故乃能無涕不慼。且也相與吾之耳矣，且相與議之者，特以吾之見視之耳矣。庸詎知吾所謂吾之乎？庸詎知吾見即所謂吾之當乎？且汝夢爲鳥而厲戾仝。乎天，夢爲魚而没於淵。不識今之言者，其覺者乎？其夢者乎？夢中寔爲魚鳥，覺而知爲夢也。然安知今言夢者果覺乎？其仍夢乎？造適不及笑，人至適意則不覺笑，不暇思及笑而笑也。獻笑不及排，不暇安排。安排而去，安排既去。化乃入於寥天一。」寥，空也。天，自然也。空曠自然，而與道爲一，則化矣。

意而子見許由，許由曰：「堯何以資汝？」資，教也。意而子曰：「堯謂我：『汝必躬服仁義，而明言是非。』」許由曰：「而汝也。奚來爲軹？語詞。夫堯既黥汝以仁義，而劓汝以是非矣。汝將何以遊夫遥蕩縱舒。恣睢自得貌。轉徙變動。之塗乎？」言汝已被堯將仁義、是非戕壞天性矣，何以遊于逍遥自在之境乎？意而子曰：「雖然，吾願遊其藩。」許由曰：「不然。夫盲者無以與乎眉目顔色之好，瞽者無以與乎青黄黼黻之觀。」意而子曰：「夫無莊美人。之失其美，據梁之失其力，黄帝之亡其知，皆在鑪錘之間耳。言汝有道而能化人，使去習而自悟，皆在汝陶鑄中耳。庸詎知夫造物者之不息生也。我黥而補我劓，使我乘成以隨先生邪？」息黥補劓，則我復爲完人。我乘其完成，便可隨先生遊矣。許由曰：「噫，未可知也。我爲汝言其大畧：吾師乎，吾師乎？由自述其師之道，如下文所云也。韲萬物而不爲義，韲，如「將菜作韲」之韲，裁制之也。澤及萬世而不爲仁，長於上古而不爲老，覆載天地、刻雕衆形而不爲巧。此所遊已。」此我之所遊心者也。

顔回曰：「回益矣。」仲尼曰：「何謂也？」曰：「回忘仁義矣。」曰：「可矣，猶未也。」他日復見，曰：「回益矣。」曰：「何謂也？」曰：「回忘禮樂矣。」曰：「可矣，猶未也。」他日復見，曰：「回益矣。」曰：「何謂也？」曰：「回坐忘矣。」仲尼蹵然曰：「何謂坐忘？」顔回曰：「墮枝體，黜聰明，離形去知，同於大通，此謂坐忘。」仲尼曰：「同則無好也，無好，則無惡。化則無常也。無住着。而果其賢乎。丘也請從而後也。」言我不及汝。

子輿與子桑友，而淋雨十日。子輿曰：「子桑殆病矣。」裹飯而往食之。至子桑之門，則若歌若哭，鼓琴曰：「父邪？母邪？天乎？人乎？」有不任其聲飢困不堪爲聲。而趨舉其詩焉。趨，作促。飢困，故歌詩之聲短促。子輿入，曰：「子之歌詩，何故若是？」曰：「吾思夫使我至此極者而弗得也。父母豈欲吾貧哉？天無私覆，地無私載，天地豈私貧我哉？求其爲之者而不得也。然而至此極者，命也夫。」因死生而推之富貴、貧賤，造物總無心也，人耳，奈之何哉？一視之而已矣。

以天下言之，則曰「大宗師」；以一人言之，即所云「赤肉團上，有一無位真人」也。此真人原不生不滅，枝體特其傳舍，有何仁義是非、疾痛悲哀、聰明形知哉？末以一貧鍛人，以一命下藥，亦一貼清涼散也。

應帝王第七

應，平聲。帝王之道，合應如是也。

齧缺問於王倪，四問而四不知。齧缺因躍而大喜，行以告蒲衣子。蒲衣子曰：「而乃今知之乎？有虞氏不及泰氏。有虞氏其猶藏仁以要人，亦得人矣，而未始出於非人。非人，天也。言非出於自然無爲。泰氏其臥徐徐，其覺于于。自得貌。一以己爲馬，一以己爲牛。人以己爲馬牛，亦聽之不問也。其知情信，道有情有信。知情信，知道也。其德甚真，渾沌未鑿。而未始入於非人。」在先天一氣。

肩吾見狂接輿，狂接輿曰：「日中始人名。何以語汝？」肩吾曰：「告我君人者以己出經，以己身行出經常之道來。式義以義爲法式。度化也。人，孰敢不聽而化諸？」狂接輿曰：「是欺德也。欺人以德。其於治天下也，猶涉海鑿河，而使蚉負山也。極言其難。夫聖人之治也，治外乎？豈治外乎？正而後行，順其性命所得之理，而後其治行。確乎能其事者而已矣。故爲治亦止確乎能盡其性命之事而已矣。且鳥高飛以避矰弋之害，鼷鼠深穴乎神丘之下以避熏鑿之患，（二蟲尚能全其性命。）而曾二蟲之無知？」（豈民反不如之，而出經式義以我德欺之耶？）

天根遊於殷陽，（殷山之陽。）至蓼水之上，適遭無名人（亦人名。）而問焉，曰：「請問爲天下。」無名人曰：「去，汝鄙人也，何問之不豫也？（以鄙字爲問，使我不樂也。）予方將與造物者爲人，（與造物者爲友。）厭則又乘夫莽眇之鳥，（喻虛無。）以出六極之外，而遊無何有之鄉，以處壙埌（埌，音浪。）之野。（與造物爲友，虛矣，而猶厭之，更欲出造物之外。）汝又何爲以治天下感予之心爲？」又復問，無名人曰：「汝遊心於淡，合氣於漠，順物自然而無容私焉，而天下治矣。」

陽子居見老聃，曰：「有人於此，嚮疾（向往敏疾。）彊梁，（剛勇貌。）物徹（物情通徹。）疏明，（通達。）學道不倦。如是者，可比明王乎？」老聃曰：「是於聖人也，胥易（此其人之于聖人也，譬之胥徒之更番直事。）技係，（工技之居肆係身。）勞形怵心者也。且也虎豹之文來田，（以其皮之文，致人之獵取。）猿狙之便、執斄之狗來藉。（藉，繩繫也。以其便捷善走，致人之繫縛也。）如是者，可比明王乎？」陽子居蹵然曰：「敢問明王之治。」老聃曰：「明王之治：功蓋天下而似不自己，（功不自己出。）化貸（施也。）萬物而民弗恃；（「帝力何有」之意。）有莫舉名，（民無能名。）使物自喜；（熙熙皞皞。）立乎不測，而遊於無有者也。」

鄭有神巫曰季咸，知人之死生存亡，禍福壽夭，期以歲月旬日，若神。鄭人見之，皆棄而走。列子見之而心醉，（愛服也。）歸，以告壺子，曰：「始吾以夫子之道爲至矣，則又有至焉者矣。」壺子曰：「吾與汝既其文，（既，盡也。但盡其外者。）未既其實，（未盡其內者。）而固得道與？（而謂彼果得道歟？）衆雌而無雄，而又奚卵焉？（夫卵，胎於雌而感于雄，無雄則無卵。故相徵其色，而色根于心。無心，則無色而不可相也。）而以道與世亢，必信，（汝必以道高亢一世，而使人必信之，則有心矣。）夫故使人得而相汝。（有心則有色。有色，故人得而相之也。）嘗試與來，以予示之。」明日，列子與之見壺子。出而謂列子曰：「嘻，子之先生死矣，弗活矣，不以旬數（數，上聲。）矣。吾見怪焉，見濕灰焉。」（猶死灰也。其形如死灰也。）列子入，泣涕沾襟以告壺子。壺子曰：「鄉（鄉，去聲。）吾示之以地文，萌乎不震（地文，猶地理也。地之理，生意含於中而不見，寂然不震動。）

不正，正，定也。既不動矣，安得有定之可名？是殆見我杜德機也。閉杜生意也。機，以動微可見而言也。嘗又與來。」明日，又與之見壺子。出而謂列子曰：「幸矣，子之先生遇我也。有瘳矣，全然有生矣。吾見其杜權權，變也。言于杜絶之中，已變出生機來。矣。」列子入，以告壺子。壺子曰：「鄉吾示之以天壤，壤，寔地。天道之寔可見者也。名寔不入，而機發於踵。踵，根也。言雖無名寔之可迹，而氣機根之以發動。是殆見吾善者機生機。也。二段大意，言見吾尸居坐忘，則謂之將死；見吾神動天隨，則謂之生也。嘗又與來。」明日，又與之見壺子。出而謂列子曰：「子之先生不齊，吾無得而相焉。試齊，齊，一也。不齊，動静不常一也。且復相之。」列子入，以告壺子。壺子曰：「吾鄉示之以太冲莫勝。是殆見吾衡氣機也。静與陰同德，動與陽同波，冲則陰陽之中。莫勝，則天地之平也，故曰衡氣機。鯢桓之審爲淵，桓，盤桓也。審，處。鯢魚盤桓之處爲淵，静中之動也，喻善者機。止水之審爲淵，全然不動，喻杜德機。流水之審爲淵。水半流半止，正得其平，喻衡氣機。淵有九名，此處三焉。言我止示以三處，猶未盡其妙也。淵，水之深聚不測處，如道之凝聚而不測，故皆以淵喻。嘗又與來。」

明日，又與之見壺子。立未定，自失而走。壺子曰：「追之。」列子追之不及。反，以報壺子曰：「已滅矣，已失矣，吾弗及矣。」壺子曰：「鄉吾示之以未始出吾宗。宗，主也，至也。前此三機，猶立我界；至示以未始出吾宗，則示無所示，而吾亦忘矣。吾與之虛而委蛇，虛，無機之迹也；委蛇，自然而不可名狀也。不知其誰何，不知誰之爲之者。因以爲弟弟，作頹。靡，隤然順也。因以爲流波，逝不息也。故逃也。」彼故捉摸不定而逃也。然後列子自以爲未始學而歸，向學矣，今聞言而自以爲未曾學也。三年不出。爲爲，去聲。其妻爨，與妻相忘〔一〕。食食，音嗣。豕如食人。與畜相忘。於事無與親，與事相忘。彫琢復樸，反彫還樸。塊然獨以其形立。形如土偶。紛而封哉，豈至紛紜有封域哉？一以是終。以是終身。

無爲名尸，尸，主也。並其主此名者無之也。無爲謀府，府，聚也。思慮所聚也。無爲事任，不以爲我之事而任之。無爲知主。不以爲知所知而主之。體盡無窮，體極于無極。而遊無朕；用無朕兆。盡其所受乎天而無見

〔一〕忘，原作「妄」，據後文「與畜相忘」、「與事相忘」改。

得，而無現在之得。亦虛而已。亦同于太虛而已。至人之用心若鏡，不將不迎，應而不藏，物來順應，過而不留。故能勝物而不傷。

南海之帝爲儵，北海之帝爲忽，中央之帝爲渾沌。儵與忽時相與遇於渾沌之地，渾沌待之甚善。儵與忽謀報渾沌之德，曰：「人皆有七竅以視聽食息，此獨無有，嘗試鑿之。」日鑿一竅，七日而渾沌死。

以無爲治世，以無心治身。至静之中，氣機嘿運，故止示三淵，不鑿七竅。有虞而下，民氣散而帝道漓矣。

卷二 南華經外篇

駢拇第八 大意以仁義爲害性。

駢拇 拇，音母。足大指連第二指。枝指，手有多指。出乎性哉，而侈於德。德，得也。雖天生成，而比于人所同得者，則爲增矣。附贅 餘肉。縣疣，縣，音懸。疣，音尤。瘻瘤。出乎形哉，而侈於性。生于有形之後，而比于生初，則爲增矣。多方乎仁義而用之者，列于五藏哉，多方，多端也。人有五藏，而以五常配之，是以仁義等列于五藏也。而非道德之正也。非道德之自然。是故駢於足者，連無用之肉也；枝於手者，樹無用之指也；多方駢枝於五藏之情者，淫僻於仁義之行，而多方於聰明之用也。是故駢於明者，亂五色，淫文章，青黃黼黻之煌煌非乎？而離朱黃帝時目明人。是已。多於聰者，亂五聲，淫六律，金石絲竹黃鍾大吕之聲非乎？而師曠是已。枝於仁者，擢擢，音濯。德塞性選用其德，蔽塞其性。以收名聲，使天下簧鼓以言語惑世，如笙簧之鼓動人聽。以奉不及不可從也。之法非乎？而曾、史是已。曾參、史魚也。駢於辯者，纍瓦言詞重複。結繩意緒糾纏。竄句，點竄章句。遊心於堅白同異之間，而敝跬跬，窺上聲。譽無用之言敝，疲也。跬，半步也。疲于奔走，稱説無用之言，如席不暖、突不黔〔一〕者。非乎？而楊、墨是已。故此皆多駢旁枝之道，非天下之至正也。至正，即下「性命」。彼正正者，性其性也，如人其人之謂。不失其性命之情。情，寔也。故合者不爲駢，而枝者不爲跂；跂，作岐。分出也。長者不爲有餘，短者不爲不足。言任性者，任其合枝長短，而不見爲駢、爲岐、爲有餘、爲不足也。合，即連也。是故鳧脛雖短，續之則憂；鶴脛雖長，斷之則悲。故性長非所斷，性短非所續，無所去憂也。續短斷長，便有悲憂。若任性而不續不斷，則各適其適，本無所憂，何憂可去？

意仁義其非人情乎？彼仁人何其多憂也？畏天命、悲人窮之類。

且夫駢於拇者，決之則泣；枝於手者，齕齕，音紇。之則啼。二者或

〔一〕黔，原作「黥」，據清嘉慶十四年胡克家刻本《文選》卷四五班固《答賓戲》「孔席不暖，墨突不黔」改。

有餘於數，或不足於數，其於憂一也。今世之仁人，蒿目 心憂，則目半開半閉，其睫蒙茸如蒿。 而憂世之患；不仁之人，決性命之情而饕富貴。故意仁義其非人情乎。自三代以下者，天下何其囂囂也？ 爲仁義言說。 且夫待鉤繩規矩而正者，是削其性也；待繩約膠漆而固者，是侵其德也；屈折禮樂， 屈折肢體，以爲禮樂之文。 呴 呴，音吁。 俞仁義， 呴俞，顔色，以爲仁義之貌。 以慰天下之心者，此失其常然也。天下有常然。常然者，曲者不以鉤，直者不以繩，圓者不以規，方者不以矩，附離 作麗。 不以膠漆，約束不以纆 纆，音墨。雙股索也。 索。故天下誘然 引也，進也。 皆生，而不知其所以生；同焉皆得，而不知其所以得。故古今不二，不可虧也。 言此常然之性，古今無異，不可作爲以虧損之。 則仁義又奚連連如膠漆纆索，而遊乎道德之間爲哉？使天下惑矣。夫小惑易方， 小惑，但不知方向。 大惑易性。 大惑，則變易真性。 何以知其然邪？自虞氏招 招，音喬。 仁義以撓天下也，天下莫不犇命於仁義，是非以仁義易其性與？

故嘗試論之，自三代以下者，天下莫不以物易其性矣。小人則以身殉利，士則以身殉名，大夫則以身殉家，聖人則以身殉天下。故此數子者，事業不同，名聲異號，其於傷性以身爲殉，一也。臧與穀，此假設二人耳，解作「臧獲」謬甚。二人相與牧羊，而俱亡其羊。問臧奚事，則挾筴讀書；問穀奚事，則博塞以遊。二人者，事業不同，其於亡羊均也。伯夷死名於首陽之下，盜跖死利於東陵之上。二人者，所死不同，其於殘生傷性均也。奚必伯夷之是，而盜跖之非乎？天下盡殉也，彼其所殉仁義也，則俗謂之君子；其所殉貨財也，則俗謂之小人。其殉一也，則有君子焉，有小人焉。若其殘生損性，則盜跖亦伯夷已，又惡取君子小人於其間哉？

且夫屬屬，音燭。其性乎仁義者，謂仁義爲吾性之固有，而屬其性于仁義。雖通如曾、史，非吾所謂臧也；臧，善也。屬其性於五味，雖通如俞兒，古之知味者。非吾所謂臧也；屬其性乎五聲，雖通如師曠，非吾所謂聰也；屬其性乎五色，雖通如離朱，非吾所謂明也。吾所謂臧，非仁義之謂也，臧於其德而已矣；吾所謂臧者，非所謂仁義之謂也，前「所謂」，是概論名稱之善者；此則論其所爲之善者。任其性命之情而已矣；不以仁義析性命之自然，即告子以人性爲仁義之説。吾所謂聰者，非謂其聞彼也，自聞而已矣；吾所謂明者，非謂其見彼也，自見而已矣。夫不自見而見彼、不自得而得彼者，是得人之得而不自得其得者也，適人之適而不自適其適者也。夫適人之適而不自適其適，雖盜跖與伯夷，是同爲淫僻也。余愧乎道德，是以上不敢爲仁義之操，而下不敢爲淫僻之行行，去聲。也。

陸，跳也。

馬蹄第九 此言以仁義爲治，是拂人之性。

馬，蹄可以踐霜雪，毛可以禦風寒，齕草飲水，翹足而陸，此馬之真性也。雖有義臺路寢，宫室之類。無所用之。及至伯樂，曰：「我善治馬。」燒之，剔之，刻之，雒 雒，仝絡。之，連之以羈馽，馽，音的。編之以皁 皁，音皂。棧，馬之死者十二三矣；飢之渴之，節其飲食。馳之驟之，整之齊之，前有橛 橛，音掘。馬嚼也。飾 纓也。之患，而後有鞭筴之威，而馬之死者已過半矣。陶者曰：「我善治埴。土黏膩者。圓者中規，方者中矩。」匠人曰：「我善治木，曲者中鉤，直者應繩。」夫埴木之性，豈欲中規矩鉤繩哉？然且世世稱之曰：「伯樂善治馬，而陶匠善治埴木。」此亦治天下者之過也。

吾意善治天下者不然。彼民有常性，織而衣，耕而食，是謂同德；一而不黨，一，即同也。此性大同，而非偏黨。命曰天放。放，無拘束也，自然之適也。故至德之世，其行填填，平寔也。其視顛顛。專一也。當是時也，山無蹊隧，山路未通。澤無舟梁；水路未通。萬物羣生，連屬其鄉；禽獸成羣，草木遂長。是故禽獸可係羈而遊，人與物相忘。鳥鵲之巢可攀援而闚。夫至德之世，同與禽獸居，族與萬物並，惡乎知君子小人哉？不知同類異類，又何分君子小人？同乎無知，其德不離；知識開，則德日離；無知，故德不離也。同乎無欲，是謂素樸。情欲勝則文飾繁。無欲，故素樸也。素樸而民性得矣。及至聖人，蹩蹩，音鱉。躠躠，音薛。爲仁，蹩躠，強行貌。踶踶，音提。跂跂，音岐。行走不安。爲義，而天下始疑矣；澶澶，音但。漫牽引也。爲樂，摘僻多節也。爲禮，而天下始分矣。故純樸不殘，孰爲犧樽？画犧以飾尊，而純樸殘。白玉不毁，孰爲珪璋？道德不廢，安取仁義？性情不離，安用禮樂？五色不亂，孰爲文采？五聲不亂，孰應六律？夫殘樸以爲器，工匠之辠也；毁道德以爲仁義，聖人之過也。夫馬，陸居則食草飲水，喜則交頸相靡，摩也。怒則分背相踶。馬知知，上聲。已止也。此矣。夫加之以衡扼，齊之以月題，頭上額鏡如月者。而馬知介介，音戛。獨立睥睨。倪、倪，音詣。闉扼、曲頸以拒人。鷙悍也。曼、奔突也。詭銜、詐受其銜。竊轡。偷齧其轡。故馬之知知，上聲。而能至盜者，詭詐欺竊。伯樂之罪也。夫赫胥氏炎帝也。之時，民居不知所爲，行不知所之，含哺而熙，鼓腹而遊，民能已此矣。及至聖人，屈折禮樂以匡天下之形，縣跂仁義以慰天下之心，而民乃始踶跂好知，知，上聲。争歸於利，不可止也。此亦聖人之過也。

胠篋第十 此言仁義祇爲盜賊之資。

將爲上「爲」，去聲。胠胠，音袪。開也。篋探囊發匱之盜而爲守備，則必攝緘縢，固扃鐍，鐍，音決。關鎖也。此世俗之所謂知知，去聲。也。然而巨盜至，則負匱揭篋擔囊而趨，唯恐緘縢扃鐍之不固也。然則鄉之所謂知者，不乃爲大盜積者也？故嘗試論之。世俗所謂知者，有不爲大盜積者乎？所謂聖者，有不爲大盜守者乎？何以知其然邪？昔者齊國鄰邑相望，雞犬之音相聞，罔罟之所布，耒耨之所刺，方二千餘里。闔四境之内，所以立宗廟社稷、治邑屋州閭鄉曲者，曷嘗不法聖人哉？然而田成子一旦殺齊君而盜其國，所盜者豈獨其國邪？并與其聖知之法而盜之。故田成子有乎盜賊之名，而身處堯舜之安，小國不敢非，大國不敢誅，十二世有齊國，則是不乃既也。竊齊國，并與其聖知之法以守其盜賊之身乎？嘗試論之。世俗之所謂至知者，有不爲大盜積者乎？所謂至聖者，有不爲大盜守者乎？何以知其然邪？昔者龍逄斬，比干剖，萇弘胣，胣，音以，又音恥。刳腸也。子胥靡，尸爛江中。故四子之賢而身不免乎戮。故跖之徒問於跖曰：「盜亦有道乎？」跖曰：「何適而無有道邪？夫妄意室中之藏，聖也；入先，勇也；出後，義也；知可否，知也；分均，仁也。五者不備而能成大盜者，天下未之有也。」由是觀之，善人不得聖人之道不立，跖不得聖人之道不行。天下之善人少，而不善人多，則聖人之利天下也少，而害天下也多。故曰：脣竭則齒寒，魯酒薄而邯鄲圍，楚宣王會諸侯，魯恭公後至而酒薄。楚怒，伐之。梁惠王欲伐趙而畏楚救，乘楚伐魯，遂圍邯鄲。聖人生而大盜起。掊擊聖人，縱舍盜賊，而天下始治矣。夫川竭而谷虛，丘夷而淵實。聖人已死，則大盜不起，天下平而無故矣。聖人不死，大盜不止。雖重重，平聲。聖人而治天下，聖人益多。則是重利盜跖也。盜跖益利。爲之斗斛以量之，則并與斗斛而竊之；爲之權衡以稱之，則并與權衡而竊之；爲之符璽以信之，則并與符璽而竊之；爲之仁義以矯之，則并與仁義而竊之。何以知其然邪？彼竊鉤者誅，小竊易知，故得加誅。**竊國者爲諸侯，**大竊難覺而難治，故田子遂爲諸侯。**諸侯之門而仁義存焉，**既爲諸侯，而託于仁義。**則是非竊仁義、聖知邪？**豈非并與仁義、聖知而竊之耶？**故逐於大盜，**故大盜之利，人争趨焉。**揭**取也。**諸侯，竊仁義并斗斛權衡符璽之利者，雖有軒冕之賞弗能勸，斧鉞之威弗能禁。此重利盜跖而使不可禁者，是乃聖人之過也。故曰：魚不可脱於淵，國之利器不可以示人。彼聖人**人，當作知。**者，天下之利器也，非所以明天下**明示天下。**也。故絶聖棄知，大盜乃止；摘**摘，仝擲。**玉毁珠，小盜不起；焚符破璽，而民樸鄙；掊斗折衡，而民不争；殫殘天下之聖法，而民始可與論議。擢亂**擢，取也。取而亂之。**六律，鑠**銷毁也。**絶竽瑟，塞瞽曠之耳，而天下始人含其聰矣；滅文章，散五采，膠離朱之目，而天下始人含其明矣；毁絶鉤繩而棄規矩，攦**攦，音例。折也。**工倕之指，而天下始人有其巧矣。故曰：大巧若拙。削曾、史之行，鉗楊、墨之口，攘棄仁義，而天下之德始玄同矣。彼人含其明，則天下不鑠矣；人含其聰，則天下不累矣；人含其知，則天下不惑矣；人含其德，則天下不僻矣。彼曾、史、**

楊、墨、師曠、工倕、離朱者，皆外立其德而以爚亂（爚，音藥。爚亂，薰灼眩亂之也。）天下者也，法之所無用也。

子獨不知至德之世乎？昔者容成氏、大庭氏、伯皇氏、中央氏、栗陸氏、驪畜氏、軒轅氏、赫胥氏、尊盧氏、祝融氏、伏戲氏、神農氏，當是時也，民結繩而用之，甘其食，美其服，樂其俗，安其居，鄰國相望，鷄狗之音相聞，民至老死而不相往來。若此之時，則至治已。今遂至使民延頸舉踵，曰「某所有賢者」，贏（聚也，負也。）糧而趣（趣，仝趨。）之，則內棄其親而外去其主之事，足跡接乎諸侯之境，車軌結乎千里之外，則是上好知之過也。上誠好知而無道，則天下大亂矣。何以知其然邪？夫弓弩畢弋機變之知多，則鳥亂於上矣；鉤餌網罟罾笱之知多，則魚亂於水矣；削（削，音峭。）格（所以施羅網者。）羅落（鳥罟也。）罝（兔罟也。）罘（罘，作罦。翻車也。）之知多，則獸亂於澤矣；知詐漸（漸，音尖。）毒、（深害也。）頡（頡，音絜。）滑（不正之語。）堅白、解（解，音懈。）垢（詭曲之詞。）同異之變多，則俗惑於辯矣。故天下每每大亂，罪在於好知。故天下皆知求其所不知，而莫知求其所已知者；皆知非其所不善，皆知非人之非。而莫知非其所已善者，不知已之所是者亦非也。是以大亂。故上悖日月之明，下爍山川之精，日月薄蝕，山川崩竭。中墮墮、隳同。四時之施；寒暑不時。惴惴，作惴。耎耎，音軟。無足蟲。之蟲，肖翹之物，翾飛之屬。莫不失其性。甚矣，夫好知之亂天下也，自三代以下者是已。舍夫種種種，上聲。之民，而悅夫役役之佞；種種，謹慤。役役，有爲也。釋夫恬淡無爲，而悅夫哼哼哼，同諄。諄諄誨人。之意。哼哼已亂天下矣。

在宥第十一 言治天下在于養身，養身在乎無爲；即有爲，亦須因其自然也。

聞在 在，如持載使之自在。宥 如覆幬使之寬然得所。天下，不聞治天下也。在之也者，恐天下之淫其性也；宥之也者，恐天下之遷其德也。天下不淫其性，不遷其德，有治天下者哉？ 又何用有治天下者？ 昔堯之治天下也，使天下欣欣焉人樂其性，是不恬也； 不靜。桀之治天下也，使天下瘁瘁焉人苦其性，是不愉 不悦。也。夫不恬不愉，非德也。非德也，而可長久者，天下無之。人太 太，音泰。喜邪？毗於陽； 毗，合也，助也。大怒邪？毗於陰。陰陽并毗，四時不至，寒暑之和不成， 陰陽偏勝，使四時失序，寒暑不和。其反傷人之形乎？使人喜怒失位， 治天下者使之。居處無常，思慮不自得，中道不成章。作事至半途而不成箇條理。於是乎天下始喬 喬，音矯。詰 意不平也。卓鷙，行不平也。而後有盜跖、曾、史之行。故舉天下以賞其善者不足，舉天下以罰其惡者不給， 賞不勝賞，罰不勝罰也。故天下之大，不足以賞罰。自三代以下者，匈匈 猶洶洶也。 焉終以賞罰爲事，彼何暇安其性命之情哉？

而且說 說，音悅。 明邪？是淫於色也；說聰邪？是淫於聲也；說仁邪？是亂於德也；說義邪？是悖於理也；說禮邪？是相 助也。 於技 技，伎倆也。 也；說樂邪？是相於淫也；說聖 多能。 邪？是相於藝也；說知邪？是相於疵也。天下將安其性命之情，之八者，存可也，亡可也；天下將不安其性命之情，之八者，乃始臠 作樂。 卷 作拳。 臠拳，不申舒之貌也。 傖囊 猶搶攘，亂也。 而亂天下也。而天下乃始尊之惜之。甚矣，天下之惑也。豈直過也而去之邪？ 過，過而不留，猶涉獵也。 言不但涉獵而已也。 乃齋戒以言之，跪坐以進之，鼓歌以儛之，吾若是何哉？ 言敬慕愛樂之如此，吾亦如之何哉？ 故君子不得已而臨蒞天下，莫若無爲。無爲也，而後安其性命之情。故貴以身於爲天下，則可以託天下；愛以身於爲天下，則可以寄天下。 言必貴愛我之身，如爲天下之可貴可愛者，則不至苦形神、勞知慮，以身狥夫天下，而後可以天下託之寄之也。 故君子苟能無解 分散。 其五藏， 五性也。 無擢 抽拔也。其聰明；尸居而龍見，見，音現。不見而章。淵默而雷聲，不言而令人震動。神動而天隨，精神運動，而天理隨之。從容無爲而萬物炊累。炊，作吹，如「以息相吹」之吹。累，微塵也。炊累，言如微塵之在太空，任其自動而太空無與也。吾又何暇治天下哉？

崔瞿問於老聃曰：「不治天下，安臧人心？」臧，善也。老聃曰：「汝愼無攖人心。人心排下爲人排抑則志愈下。而進上，進之，又希望太高。上下囚殺，二者相煎，係之如囚，怖之如殺。淖約柔乎剛强。乃以儇美之態，柔媚乎剛强之人。廉劌彫琢，以廉利之器，彫琢渾樸。其熱焦火，其寒凝冰。其燥急如火，其嚴凝如冰。其疾俛仰之間而再撫四海之外，其迅速，則如一俛仰之間，而再臨乎四海之外。其居也淵而静，其動也縣縣，仝懸。而天。動静有天淵之隔。僨忿戾也。驕而不可係制也。者，其唯人心乎？昔者黄帝始以仁義攖人之心，堯、舜於是乎股無胈，作紱，蔽膝。脛無毛，以養天下之形，愁其五藏以爲仁義，矜其血氣以規法度。此不貴愛其身，而貴愛爲天下者也。然猶有不勝也，堯于是放驩兜於崇山，投三苗於三峗，流共工於幽都，此不勝天下也。夫施施，音異。及三王，而天下大駭矣。下有桀、跖，上有曾、史，而儒墨畢起。于是乎喜怒相疑，愚知相欺，善否相非，誕信相譏，而天下衰矣；大德不同，而性命爛漫矣；火靡水漂，言喪壞也。天下好知，而百姓求竭知盡能索。矣。于是乎釿釿，音斤。鋸制焉，繩墨殺焉，椎鑿決焉。天下脊脊相踐藉也。大亂，罪在攖人心。故賢者伏處泰山嵁嵁，音堪。嵓之下，而萬乘之君憂慄乎廟堂之上。今世殊死者罪不同而同以死斷者。相枕也，桁桁，杭，去聲。楊長械固頸及脛者。者相推也，刑戮者相望也，而儒墨乃始離跂足半離地。攘臂乎桎梏之間。意，作噫。甚矣，其無愧而不知恥也甚矣。吾未知聖知之不爲桁楊椄椄，音接。槢槢，音習。椄槢，桁楊之管。用桁楊者，必用椄槢。也，仁義之不爲桎梏鑿枘枘，音芮。也，製桎梏者，必以鑿枘。仁義非桎梏，而寔桎梏之鑿枘也。焉知曾、史不爲桀跖之嚆嚆，音蒿。矢響箭也，行刼者之先聲。也？故曰：絶聖棄知，而天下大治。

黄帝立爲天子十九年，令行天下，聞廣成子在空同之上，故往見之，曰：「我聞吾子達於至道，敢問至道之精。吾欲取天地之精，以佐五穀，以養民人；吾又欲官陰陽，官，主宰之也。陰陽乃後天之分氣，故主宰之。以遂羣生。爲之奈何？」廣成子曰：「而所欲聞者，物之質也；而所欲官者，物之殘也。言汝所問者，在先天未散之質樸；而欲官者，乃在後天分散之殘氣。自而治天下，雲氣不待族聚也。而雨，言澤少也。草木不待黄而落，殺氣甚也。日月之光益以荒矣。而佞人之心翦翦忮貌。者，又奚足以語至道？」黄帝退，捐天下，築特室，席白茅，間居三月，復往邀求也。之。廣成子南首而臥，黄帝順下風膝行而進，再拜稽首而問曰：「聞吾子達於至道，敢問治身奈何而可以長久？」廣成子蹷然而起，曰：「善哉問乎。來，吾語女至道。至道之精，窈窈冥冥；至道之極，昏昏默默。無視無聽，抱神以静，形將自正。神静，則天君泰然，百體從令而形自正。必静必清，無勞汝形，無摇汝精，乃可以長生。目無所見，耳無所聞，心無所知，女神將守形，形乃長生。慎女内，固其精神。閉女外，絶其聞見。多知爲敗。思慮滅泯。我爲女遂竟至也。於大明至陽也。之上矣，至彼至陽之原也；爲女入於窈冥之門矣，至彼至陰之原也。至陽至陰之原，謂先天一氣，陰陽同原之際。天地有官，而後陽動陰静，天地各有主宰。陰陽有藏，陰闔陽闢，陰陽藏于一身。愼守女身，物將自壯。愼守其身，而氣體自壯。我守其一以處其和，我守其先天真一之氣，以調和陰陽二氣。故我脩身千二百歲矣，吾形未嘗衰。」黄帝再拜稽首曰：「廣成子之謂天矣。」廣成子曰：「來，余語女。彼其物無窮，道無變滅。而人皆以爲終；世人不識，以爲吾生有盡。彼其物無測，而人皆以爲極。皆以爲有可至極。得吾道者，上爲皇而下爲王；失吾道者，上見光光，光耀也。生而富貴，人見其有光耀，而無寔德也。而下爲土。腐而爲土。今夫百昌百物也。皆生於土而反於土，故余將去汝，入無窮之門，以遊無極之野。吾與日月參光，與天地爲常。當我，緡作泯。乎。遠我，昬乎。言萬物生化，有當我而來者，吾不知其來也；有遠我而去者，吾不知其去也。任物去來，吾總無心也。緡、昬，無心之意。人其盡死，而我獨存乎。」

雲將東遊，過扶揺之枝，而適遭鴻蒙。鴻蒙方將拊脾爵躍而遊。雲將見之，儻然自失貌。止，贄然立，拱立貌。曰：「叟何人邪？叟何爲此？」鴻蒙拊脾爵躍不輟，對雲將曰：「遊。」雲將曰：「朕願有聞也。」鴻蒙仰而視雲將曰：「吁。」雲將曰：「天氣不和，地氣鬱結，六氣不調，四時不節。今我願合六氣之精以育羣生，爲之奈何？」鴻蒙拊脾爵躍，掉頭曰：「吾弗知，吾弗知。」雲將不得問。又三年，東遊，過有宋之野，而適遭鴻蒙。雲將大喜，行趨而進曰：「天 指鴻蒙。 忘朕邪？天忘朕邪？」再拜稽首，願聞於鴻蒙。鴻蒙曰：「浮遊，不知所求；猖狂，不知所往； 浮遊，縱適也。猖狂，放佚也。不知求，不知往，無心者也。 遊者 指萬物。 鞅掌， 紛汩也。 以觀無妄。朕又何知？」 言物之遊于大塊者，紛紛汩汩。而以吾之無心觀之，皆其真機自動，而我又何知焉？ 雲將曰：「朕也自以爲猖狂，而民隨予所往； 言我未嘗不放佚，無奈民自隨我。 朕也不得已於民，今則民之放 放，仝倣。 也。 我謝之不得，而民自以我爲法。 願聞一言。」鴻蒙曰：「亂天之經，逆物之情，玄天弗成； 玄，即於穆之意；成，即順成之成。 解獸之羣， 解，散也。 而鳥皆夜鳴； 不安也。 災及草木，禍及昆蟲。噫，治人之過也。」 此皆有心以治人之過也。 雲將曰：「然則吾奈何？」鴻蒙曰：「噫，毒哉。 汝自苦哉。 僊僊乎歸矣。」 我則僊僊乎欲去汝矣。 雲將曰：

「吾遇天難，我難遇汝。願聞一言。」鴻蒙曰：「噫，心養。言汝心當自養。汝徒處無爲，而物自化。墮墮，作隳。爾形體，忘六骸。吐爾聰明，杜聰明。倫與物忘；倫，等也。一味平等，與物相忘。大同乎涬溟，涬，音幸。涬溟，渾淪也。解心解去私心。釋神，釋去識神。莫然無魂。萬物云云，芸芸也，多貌。各復其根，各復其本來之真。各復其根而不知；渾渾沌沌，終身不離；若彼知之，若開其知識。乃是離之。則是離其本性。無問其名，無闚其情，物本無名，我不生分別而問其名；物本無情，我順其常然而不闚其情。物故自生。」雲將曰：「天降朕以德，示朕以默；躬身求之，乃今也得。」再拜稽首，起辭而行。

世俗之人，皆喜人之同乎己，而惡人之異乎己也。同於己而欲之，異於己而不欲者，以出乎衆爲心也。其心以爲己之聞見，同出于衆人，人不得議我。夫以出乎衆爲心者，曷嘗出乎衆哉？何嘗超出乎衆？因衆以寧所聞，因衆人之好尚，而欲以我之所爲，求慰其聞見。不如衆技衆矣。則是我之所爲，一味逐物，而不如衆技多矣。而欲爲人之國者，此攬乎三王之利，仁義聖知之利。而不見其患也。仁義聖知之害。此以人之國僥倖也。幾何僥倖而不喪人之國乎？其存人之國也，無萬分之一；其喪人之國也，一不成而萬有餘喪矣。悲夫，有土者之不知也。夫有土者，有大物也。大德。有大物者，不可以物物；不可逐物以治物。而不物，不逐物以治物。故能物物。故能主宰乎物。明夫物物者之非物也，苟明夫主宰，是物者之非逐物也。豈獨治天下百姓而已哉？出入乎六合，遊乎九州，獨往獨來，是謂獨有。獨有大德，超出一世。獨有之人，〔一〕是之謂至貴。以此而爲至貴，非以有土而爲貴也。

大人之教，若形之於影，聲之於響。有問而應之，盡其所懷，如「叩兩端而竭」之意。爲天下配。配，與人相合而各得其宜也。處乎無響，寂以待感。行乎無方。因人變化。挈汝適援天下造于道。復之，撓撓以遊無端；往來自如，撓挑以遊無極。出入無旁，往來皆獨，無所依旁。與日無始；無終無始。頌論形軀，合乎大同，言語容貌，與物大同。大同而無己。大同則無我。無己，惡乎得有有？惡得以有爲有？覩有者，昔之君

〔一〕「獨有之人」四字原脱，據世德堂本補。

忽然又少數者不得，意旨不倫。大段言有無原非截然兩樣，只要因其自然，自解自捄。避人攻擊，狡儈伎倆。

或曰：前段言先天，不治而治也；此段言奉天，治而不治也，亦好。

回護。

子；以有爲有者，昔之君子，三代之王者之類也。覩無者，以無爲宗者。天地之友。

賤而不可不任者，物也；卑而不可不因者，民也；任，順其性。因，因其自然。匿而不可不爲者，事也；匿，藏也。謂行其所無事。麤而不可不陳者，法也；遠而不可不居者，義在外，亦不可不居。義也；親而不可不廣者，仁也；節而不可不積者，禮也；節，節制。積，加厚無已也。中而不可不高者，德也；德貴其中，不可不日進以崇之。一而不可不易者，道也；道貴純一，然亦須從權變易。神而不可不爲者，天也。天神矣，不可不以人合之。故聖人觀於天而不助，觀天道之自然，而不作爲以助長，則爲而無爲。成於德而不累，累，上聲。德則順成。無事積累，則不期高而自高。出於道而不謀，自然變通合道，不假私知謀合。會於仁而不恃，合于仁而不居爲仁。薄於義而不積，自然近義而不用集。應於禮而不諱，諱，拘忌也。節于禮而不拘忌于禮。接於事而不讓，隨分任事，無所避讓。齊於法而不亂，恃於民而不輕，不輕身狥民。因於物而不去。不狥物以喪去其真。物者莫足爲也，此「物」字該「得」、「廣」，非即上文「物」字。而不可不爲。不明於天者，天，自然也。不純於德；不通於道者，無自自往也。而可；不明於道者，悲夫。德，天德也。而天又道之所生，故獨歸重于道。何謂道？有天道，有人道。無爲而尊者，天道也；有爲而累者，人道也。主者，天道也；臣者，人道也。天道之與人道也，相去遠矣，不可不察也。

天地第十二

天地雖大，其化均也；萬物雖多，其治一也；人卒雖衆，其主君也。君原於德而成於天。故曰：玄古之君天下，無爲也，天德而已矣。以道觀言，而天下之君正；稱謂定而人君之名正。以道觀分，分，高卑之分。而君臣之義明；以道觀能，隨能任事。而天下之官治；以道汎觀，而萬物之應備。隨物應物。故通於天下者，德也；行於萬物者，道也；上治人者，事也；能有所藝者，技也。技兼於事，事兼於義，義兼於德，德兼於道，道兼於天。兼，合而一之之意。內外精粗，合而一之，歸于自然。故曰：古之畜天下者，無欲而天下足，無爲而萬物化，淵靜而百姓定。記曰：「通於一而萬事畢，無心得而鬼神服。」

夫子曰：莊子自言而假託也。「夫道，覆載萬物者也，洋洋乎大哉。君子不可以不刳心焉。不可不刳去其知識之私心。無爲爲之之謂天，無爲言之之謂德，無意于爲而自爲，無意于言而自言，皆自然也。德，即天德。愛人利物之謂仁，不同同之之謂大，萬有不同而我同之。行不崖異之謂寬，無不容。有萬不同之謂富。無所不有。故執德之謂紀，執此德，則綱紀萬物。德成之謂立，德成而有以自立。循於道之謂備，衆善咸具。不以物挫志之謂完。不以外物累其心，謂能保其天真。君子明於此十者，則韜乎其事心之大也，韜，包藏也。事無不包，以其心之大也。沛乎其爲萬物逝也。德澤滂沛，萬物歸往。若然者，藏金於山，藏珠於淵，盛德若愚之意。不利貨財，不近富貴；不爲物累。不樂壽，不哀夭；不榮通，不醜窮；死生窮通，不攖其心。不拘一世之利以爲己私分，不以利而己私之。不以王王，去聲。天下爲己處顯。不以位爲顯貴。顯則明，其所貴顯者，則在明道也。萬物一府，死生同狀。」合萬物於大同，齊死生爲一視。

夫子曰：「夫道，淵乎其居也，漻漻，音流。乎其清也。金石不得，無以鳴。言其感。故金石有聲，不考不鳴。萬物孰能定之？金石有聲，而不考不鳴。然試問鳴者是道，考者是道？則不能定之。言尚有存乎考之之先者矣。夫王德之人，王，去聲。有王天下之德者。素逝逝，行也。素位而行。

而恥通於事，道在無爲，故以通事爲恥。立之本原道也。而知知，去聲。通於神。道在，則自先事而知，通于神也。故其德廣，其心之出，有物採之。心之出而應物，皆物之來採取于我而後應之者也。故形非道不生，生非德不明。存形窮生，終天年之意。立德明道，非王王，去聲。德者邪？蕩蕩乎。忽然出，勃然動，而萬物從之乎。此謂王德之人。視乎冥冥，聽乎無聲。冥冥之中，獨見曉焉；無聲之中，獨聞和焉。于無形無聲之中，而確有所聞，確有所見。故深之又深無形無聲，深矣。而見所見于無形，聞所聲于無聲，則又深也。而能物焉，故能順應乎物。神之又神而能精焉。故其與萬物接也，至無而供其求，其接物也，若無所有，而皆足以給其所求。時騁而要其宿。宿，如歸宿之宿，謂源頭處也。時時馳騁，而左右逢源。大小、語大而寔小。長短、語長而寔短。脩一作近。遠。」語近而寔遠。

黄帝遊乎赤水之北，登乎崑崙之丘而南望。還還，音旋。歸，遺其玄珠。喻道也。使知知，去聲。索之而不得，使離朱索之而不得，使喫詬言辯。索之而不得也。乃使象罔，無心也。象罔得之。黄帝曰：「異哉，象罔乃可以得之乎？」

堯之師曰許由，許由之師曰齧缺，齧缺之師曰王倪，王倪之師曰被 被，作披。衣。堯問於許由曰：「齧缺可以配天 爲君也。乎？吾藉王倪以要 要，平聲。之。」許由曰：「殆哉，圾 圾，仝岌。危也。乎天下。齧缺之爲人也，聰明睿知，給數 數，音朔。供應煩冗。以敏，其性過人，而又乃以人受天。脩人事以應天理。彼審乎禁過，明乎禁絶過失。而不知過之所由生。知過所由生，則無事于禁矣。言其心之未化也。與之配天乎？彼且乘人而無天，有爲而不能無爲也。方且本身而異形，不能視萬物爲一体。方且尊知 知，去聲。而火馳，自矜其知，而用之急驟。方且爲緒使，爲細事所使。方且爲物絯，絯，音核。爲物所拘。方且四顧而物應，應接不暇之意。方且應衆宜，事事求宜。方且與物化而未始有恒。反爲物所變動，而失其常定之天。夫何足以配天乎？雖然，有族，有祖，言必有所尊也。可以爲衆父，而不可以爲衆父父。衆父，君也；衆父父，天也。但可以爲君，不可以爲天而配乎天也。治，亂之率 率，仝帥。也，言其足以定禍亂。北面之禍也，若北面之，適以禍之。南面之賊也。」若南面之，適所以害之也。

堯觀乎華。地名。華封人曰：「譆，聖人。請祝聖人，使聖人壽。」堯曰：「辭。」「使聖人富。」堯曰：「辭。」「使聖人多男子。」堯曰：「辭。」封人曰：「壽、富、多男子，人之所欲也，女獨不欲，何邪？」堯曰：「多男子則多懼，懼其生亂。富則多事，壽則多辱。是三者，非所以養德也，故辭。」封人曰：「始也我以女爲聖人邪，今然君子也。天生萬民，必授之職，多男子而授之職，則何懼之有？富而使人分之，則何事之有？夫聖人，鶉居而鷇食，鶉居無常，鷇待母食。言聖人居無定而食不自求也。鳥行而無彰，行虛空而無迹。天下有道則與物皆昌，天下無道則脩德就閒；千歲厭世，去而上僊，乘彼白雲，至于帝鄉。三患莫至，身常無殃，則何辱之有？」封人去之。堯隨之，曰：「請問。」封人曰：「退已。」

堯治天下，伯成子高立爲諸侯。堯授舜，舜授禹，伯成子高辭爲諸侯而耕。禹往見之，則耕在野。禹趨就下風，立而問焉，曰：「昔堯治天下，吾子立爲諸侯。堯授舜，舜授予，而吾子辭爲諸侯而耕。敢問其故何也？」子高曰：「昔堯治天下，不賞而民勸，不怒而民畏。今子賞罰而民且不仁，德自此衰，刑自此立，後世之亂只是一箇「天命之謂性」耳，彼偏要以無爲宗，所以從無說到有，又從有說到無。

自此始矣。夫子闔盍仝。**行邪？無落**荒廢也。**吾事。」俋**俋，音邑。**俋乎**俛首貌。**耕而不顧。**

泰初有無無，泰初，氣化之始也。本無所有，然有主張此無者，故曰有無無也。**有無名；**未有天地之名之始。**一之所起，**一，謂太極。**有一而未形。**太極本無極，有一而未形，謂無極也。**物得以生，謂之德；**萬物皆從無極生，而此無者，即謂之德。**未形者有分，**天地一炁，本未有形。迨判爲陰陽，而天地有分矣。**且然無間，謂之命；**然，如此也。雖有分如此，到底陽不離陰，陰不離陽，陰陽合德，此謂之命。**留動而生物，**留，凝聚也。動，造化運用之機也。聚此運用之機，便生出箇物來也。**物成生理，**物既成形，理亦賦焉。**謂之形；**此謂之形，則形不徒形，有理在矣。**形體保神，各有儀則，**形形者謂神。形體具後，保合此神，則視聽言動，各有當然之則。**則謂之性。性脩反德，**脩此性，則返于無極之德。**德至同於初。**泰初。**同乃虚，虚乃大。合喙鳴；喙鳴合，**此喻動静之道。喙，所以鳴者也，合喙則不鳴，静也；鳴則喙開，動也。今雖合喙，而鳴之用未嘗不足，故曰合喙鳴也。雖喙鳴而開，而合之體未嘗不在，故曰喙鳴合也。大意與「無爲有爲，有爲無爲」之旨同，諸家註都不甚明白。**與天地爲合。**如此，則與天地爲合。**其合緡**

緡，若愚若昏，緡緡，即綿綿。愚、昏，無心也。是謂玄德，同乎大順。

夫子問於老聃曰：「有人治道 有人所治之道。若相放，放，上聲。雖與人若相似。可不可，然不然。而不苟同，人可而我不可，人然而我不然。辯者有言曰：『離堅白若縣寓。』堅白，堅白之説也。縣寓，天地也。離析堅白，使判若天地也。若是則可謂聖人乎？」老聃曰：「是胥易技係，解見《應帝王》。勞形怵心者也。執狸之狗成思，以拘縶而愁思。猿狙之便自山林來。自山林中捕來。丘，予告若，而 汝也。所不能聞與而所不能言，凡有首有趾、無心無耳者衆，凡形體雖具，而無知無聞者多。有形者 謂五官之類。與無形無狀而皆存者 如聰明之德之類皆存，謂能踐形者。盡無。希有也。其動止也，其死生也，其廢起也，雖未嘗異于人。此又非其所以也。而此所以動止、死生、廢起者，則又非也。所以，即無形無狀者。有治在人，忘乎物，忘乎天，如有治人之事而忘乎物，不惟忘物，而併忘其天者。其名爲忘己，無我也。忘己之人，是之謂入於天。」

蔣閭葂 葂，音免。見季徹曰：「魯君謂葂也曰：『請受教。』辭不獲命，既已告矣，未知中否，請嘗薦之。薦，陳。以所言陳于汝也。吾謂魯君曰：『必服恭儉，拔出公忠之屬而無阿私，舉賢而公。民孰敢不輯？』」季徹局局然大笑貌。笑曰：「若夫子之言，於帝王之德，猶螳螂之怒臂以當車軼，轍也。則必不勝任矣。且若是，則其自爲處危，其觀觀，去聲。臺多物，將往投迹者衆。」言若是則自處太高，譬如高其觀臺以爲之招，則遊者咸往而投迹者多，則臺將傾危矣。蔣閭葂覤覤覤，音吸。驚貌。然驚曰：「葂也汒汒、茫仝。若于夫子之所言矣。雖然，願先生之言其風也。」風，如「君子之德風」之風。季徹曰：「大聖之治天下也，搖蕩鼓動也。跟「風」字來。民心，使之成教易俗，舉滅其賊心，盡滅其相殘相賊之心。而皆進其獨志，獨徹獨見之志。若性之自爲，若自性成，忘我之教。而民不知其所由然。所謂民日遷善而不知誰之爲之者。若然者，〔一〕豈兄堯舜之教民，其教民豈肯讓堯舜之世？溟涬然弟之哉？而以我溟涬之世反處其下哉？溟涬，猶太上也。欲同於德而心居矣。」民之欲，一同于我之德，而其心安矣。

〔一〕「若然者」三字原闕，據世德堂本補。

子貢南遊於楚，反於晉，過漢陰，見一丈人方將爲圃畦，鑿隧地中道。而入井，抱甕而出灌，搰搰，古忽切，音骨。搰然用力貌。用力甚多，而見功寡。子貢曰：「有械于此，一日浸百畦，用力甚寡而見功多，夫子不欲乎？」爲圃者仰而觀之曰：「奈何？」曰：「鑿木爲機，後重前輕，挈水若抽，數如泆泆，音逸。湯，言往來疾速也。其名爲槔。」槔，音高。桔槔，今之水車。爲圃者忿然作色而笑曰：「吾聞之吾師，有機械者必有機事，有機事者必有機心。機心存于胸中，則純白不備；機心擾亂，則心不能純一而虛明。純白不備，則神生發也。不定；神生不定者，道之所不載也。不可以任道。吾非不知，羞而不爲也。」子貢瞞瞞，門上聲。然慚，俯而不對。有間，爲圃者曰：「子奚爲者邪？」曰：「孔丘之徒也。」爲圃者曰：「子非夫博學以擬聖，於于誇誕貌。以蓋衆，獨弦哀歌倡而無和。以賣名聲於天下者乎？汝方忘汝神氣，墮墮，作隳。汝形骸，即墮支黜聰之意。此教之也。而庶幾乎。而身之不能治，而何暇治天下乎？子往矣，無乏猶落也。吾事。」子貢卑陬失色，頊頊然自失貌。不自得，行三十里而後愈。其弟子曰：「向之人何爲者邪？夫子何故見之變容失色，終日不自反復其常。邪？」曰：「始吾以爲天下一人耳，指孔子。不知復有夫人也。吾聞之夫子，事求可，功求成。用力少，見功多者，聖人之道。今徒獨也。不然。今丈人獨不然。執道者德全，德全者形全，形全者神全。神全者，聖人之道也。託生與民並行，寄生于世，與民並行。而不知其所之，之，往也。汒乎淳備哉。言既生于世，則當與民共行聖人自然之道。而乃不知其所往，何其茫然于道之淳備者哉？功利機巧必忘夫人之心。夫人，指丈人也。言此人必功利機巧之盡忘矣。若夫人者，非其志不之，非其心不爲。之，從也。言此人者，非其志之所欲者不肯從，非其心之自然者不肯爲也。雖以天下譽之得，雖天下皆以得譽之。其所謂謷然不顧；彼且謷然而不顧。謷然，大而無欲之貌。以天下非之失，天下以失非之。其所謂儻然不受。彼固無所失，故不受失也。天下之非譽，無益損焉，譽之不加益，非之不加損。是謂全德之人哉。我之謂風波易動者也。之民。」反於魯，以告孔子。孔子曰：「彼假脩渾沌氏之術者也。假，托也。謂托于斯世。識其一，但知純一。不知其二；不知雜念。治其內，而不治其外。得心忘物。夫明白入素，虛明純白，則入于太素。無爲復樸，無心作爲，返于太樸。體性抱神，以遊世俗之間者，汝將固驚邪？汝不及此，固宜見之而驚異也。且渾沌氏之術，予與汝何足以識之哉？」

諄芒將東之大壑，海也。適遇苑風於東海之濱。苑風曰：「子將奚之？」曰：「將之大壑。」曰：「奚爲焉？」曰：「夫大壑之爲物也，注焉而不滿，酌焉而不竭，吾將遊焉。」苑風曰：「夫子無意于橫目之民乎？橫目之民，人類也。言無意治此人類乎？願聞聖治。」諄芒曰：「聖治乎？官施而不失其宜，任官職。拔舉而不失其能，舉賢才。畢見其情事而行其所爲，行言自爲而天下化，所行所言，不爲人而自爲，而天下化。手撓顧指，指揮如意。四方之民莫不俱至，此之謂聖治。」「願聞德人。」曰：「德人者，居無思，行無慮，不藏是非美惡。四海之內共利之之爲悅，共給之之爲安。怊乎怊，音超。無知貌。若嬰兒之失其母也，不知係戀。儻乎惝怳貌。若行而失其道也。任其所之。財用有餘而不知其所自來，飲食取足而不知其所從，此謂德人之容。」「願聞神人。」曰：「上神乘光，精神上乘日月之光。與形滅亡，滅形遁跡。此謂照曠。虚明洞達。致命還其天之所命。盡情，銷盡感動之情。天地樂同天地之樂。而萬事銷亡，萬物復情，萬物各得其所。此之謂混冥。」混然與元氣爲一也。

門無鬼與赤張滿稽觀於武王之師。赤張滿稽曰：「不及有虞氏乎？周德不及舜。故離罹也。此患也。」民遭此患。門無鬼曰：「天下均治而有虞氏治之邪？其亂而後治之與？」言天下本治而有虞氏治之乎，抑亂而後治之乎？言不用治也。赤張滿稽曰：「天下均治之爲願，而何計以有虞氏爲？言天下已治，人人各足其願，而何用有虞氏之德哉？蓋悟其不必治之意也。有虞氏之藥瘍也，譬如瘍而用藥，不瘍則安用藥？禿而施髢，髢，音替。禿則施髢，不禿又安用髢？病而求醫。仝上意。孝子操藥以脩慈父，其色燋然，如孝子恐父有病，不待父病而預操藥以治之。雖慈父，亦燋然不樂也。聖人羞之。不待治而強治，此聖人之所羞也。至德之世，不尚賢，不使能，上如標枝，處高而無爲。民如野鹿，端正而不知以爲義，相愛而不知以爲仁，實而不知以爲忠，當而不知以爲信，蠢動而相使互相役使。不以爲賜。恩也。是故行而無迹，事而無傳。」

孝子不諛其親，忠臣不諂其君，臣子之盛也。親之所言而然，所行而善，子然之，子善之。則世俗謂之不肖子；君之所言而然，所行而善，則世俗謂之不肖臣。而未知此其必然邪？世俗之所謂然而然之，所謂善而善之，則不謂之道諛之人也。「則」字作「而」字解。「道」字作「導」字看。然則俗固嚴於親而尊於君邪？「孝子」起至此，大意言人不可狗君親。狗君親者，世必非之。然狗世之論，又不可。使狗世俗之論而以爲非諛人也，將世俗反嚴尊于君親耶？謂己道道，作導，從之也。人，則勃然作色；謂己諛人，則怫然作色。而終身道人也，終身諛人也，此又言凡人之情，若謂之狗人、諛人者，則必怒之，而不知己之終身狗人、諛人也。合譬多其譬喻，令人易曉。飾辭脩飾文詞，令人可聽。聚衆也，雖足以聚衆。是終始本末不相坐。坐，定意。此其人終始本末不能自定。垂衣裳，設采色，動容貌，以媚一世，而不自謂道諛；但「垂衣」云云以媚世，而自謂非狗人、諛人者。與夫人之爲〔一〕徒，通是非，而不自謂衆人，是非隨衆，則同于衆矣，

〔一〕「爲」字原闕，據世德堂本補。

而自謂高出于衆。愚之至也。知其愚者，非大愚也；知其惑者，非大惑也。大惑者，終身不解；悟也。大愚者，終身不靈。三人行而一人惑，惑于所往。所適者猶可致也，惑者少也；二人惑則勞而不至，惑者勝多也。也。而今也以天下惑，予雖有祈嚮，仝向。不可得也。不亦悲乎。大聲大雅之音。不入于里耳，里巷人耳。《折楊》、《皇荂》，荂，音花。里巷俗音。則嗑然而笑。聞之則悦而笑。嗑，笑聲也。是故高言不止入也。於衆人之心，至言不出，俗言勝也。所以至人之言不輕出，以俗言之多，勝于至言也。以二缶鐘以二瓦缶之聲亂一鐘之聲。惑，則聽者惑。喻俗言之勝至言也。而所適不得矣。宜其莫知所適從也。而今也以天下惑，予雖有祈嚮，其庸可得邪？知其不可得也而強之，又一惑也，故莫若釋之而不推。推，推求也。不推，誰其比憂？但不推之，則到底不明，又誰與我同憂其惑乎？憫而嘆之之詞也。厲惡癩之疾。之人，夜半生其子，遽取火視之，汲汲然唯恐其似己也。恐其子之似己，則知己疾之醜矣。而大愚大惑者，不自以爲愚惑，何哉？

百年之木，破爲犧樽，青黄而文之，其斷謂所斲削之餘木也。在溝中。比犧樽於溝中之斷，則美惡有間矣，其於失性一也。跖與曾、史，行義有間矣，然其失性均也。且夫失性有五：一曰五色亂目，使目不明；二曰五聲亂耳，使耳不聰；三曰五臭熏鼻，困惾 惾，音俊。衝逆也。中顙； 氣衝至額。四曰五味濁口，使口厲爽； 乖戾失正。五曰趣舍 是非好惡。滑心，使性飛揚。此五者，皆生之害也。而楊、墨乃始離跂自以爲得，非吾所謂得也。夫得者困， 以其説自困苦。可以爲得乎？則鳩鴞之在於籠也，亦可以爲得矣。且夫趣舍聲色以柴 梗塞也。其内，皮弁鷸 鷸，音聿。冠搢笏紳脩 脩，長也。以約其外。内支盈 支，撑也。盈，滿也。於柴柵， 聲色之柴柵。外重纆繳， 繳，音灼。衣冠之束縛。睆睆 目視而身不動。然在纆繳之中，而自以爲得，則是罪人反臂歷指， 手臂反縛。虎豹在於囊檻，亦可以爲得矣。

天道第十三

天道運而無所積，故萬物成；帝道運而無所積，故天下歸；聖道運而無所積，故海内服。明於天，通於聖，六通四辟 辟，音闢。即無所不通之謂。 於帝王之德者，其自爲也，昧然無不靜者矣。 通於帝王之德，則非昧然者矣。然絕無智慮意見，則仍昧然而無不靜矣。 聖人之靜也，非曰靜也善，故靜也；萬物無足以鐃 鐃，同撓。亂也。 心者，故靜也。水靜則明燭鬚眉，平中準，大匠取法焉。水靜猶明，而況精神？聖人之心靜乎，天地之鑑也，萬物之鏡也。夫虚靜恬淡、寂漠無爲者，天地之平，而道德之至，故帝王聖人休 休息于此。 焉。休則虚，虚則實， 虚，謂無沾染係累，即無所積也。故能具衆理而寔。 實則倫矣。 能應物而有條理矣。 虚則靜，靜則動，動則得矣。 靜以立體，動以致用，用無不得其宜。 靜則無爲，無爲也則任事者責矣。 人各任事而盡其責矣。 無爲則俞俞， 即愉愉。靜而無爲，故常快樂。 俞俞者憂患不能處， 憂患不存于心。 年壽長矣。夫虛静恬淡、寂漠無爲者，萬物之本也。明此以南鄉，堯之爲君也；明此以北面，舜之爲臣也。以此處上，帝王天子之德也；以此處下，玄聖素王有德無位者之稱。之道也。以此退居而閒遊，江海山林之士服；事也。以此進而爲撫世，則功大名顯而天下一也。

静而聖，體。動而王，用。無爲也而尊，樸素而天下莫能與之争美。夫明白於天地之德者，此之謂大本大宗，與天和者也；所以均調天下，與人和者也。與人和者，謂之人樂；與天和者，謂之天樂。莊子曰：「吾師乎，吾師乎，𩐁萬物而不爲戾，澤及萬世而不爲仁，長於上古而不爲壽，覆載天地、刻雕衆形而不爲巧，此之謂天樂。故曰：「知天樂者，其生也天行，順理而行。其死也物化。隨物而化。静而與陰同德，動而與陽同波。」故知天樂者，無天怨，無人非，不怨天尤人。無物累，無鬼責。故曰：「其動也天，其静也地，一心定而王天下；其鬼不祟，其魂不疲，一心定而萬物服。」言以虛静推於天地，通於萬物，此之謂天樂。天樂者，聖人之心，以畜天下也。」

夫帝王之心，以天地爲宗，以道德爲主，以無爲爲常。無爲也，則用天下而有餘；有爲也，則爲天下用而不足。故古之人貴夫無爲也。上無爲也，下亦無爲也，是下與上同德，下與上同德則不臣；臣同于君則不臣。下有爲也，上亦有爲也，是上與下同道，上與下同道則不主。上必無爲而用天下，下必有爲爲天下用，此不易之道也。故古之王天下者，知雖落落，同絡，包也。天地，不自慮不自計慮。也；辯雖彫萬物，不自說無言說。也；能雖窮四海，不自爲也。天不産而萬物化，地不長而萬物育，帝王無爲而天下功。故曰：莫神於天，莫富於地，莫大於帝王。故曰：帝王之德配天地。此乘天地，馳萬物，而用人羣之道也。

本在於上，末在於下；要在於主，詳在于臣。三軍五兵之運，德之末也；賞罰利害，五刑之辟，教之末也；禮法度數，刑名比類例。詳，纖悉。治之末也；鐘鼓之音，羽毛之容，樂之末也；哭泣衰經，隆殺之服，哀之末也。此五末者，須精神之運，心術之動，然後從之者也。末學者，古人有之，而非所以先也。君先而臣從，父先而子從，兄先而弟從，長先而少從，男先而女從，夫先而婦從。夫尊卑先後，天地之行也，故聖人取象焉。天尊地卑，神明之位也；春夏先，秋冬後，四時之序也。萬物化作，作，生出也。萌芽。區類。有狀，各有形狀。盛衰之殺，殺，等殺，次第也。變化之流也。此變之流行也。夫天地至神，而有尊卑先後之序，而況人道乎？宗廟尚親，朝廷尚尊，鄉黨尚齒，行事尚賢，大道之序也。語道而非其序者，非其道也；語道而非其道者，安取道？

是故古之明大道者，先明天，而道德次之；道德已明，而仁義次之；仁義已明，而分守職守也。次之；分守已明，而形名名稱也。次之；形名已明，而因任因職任人。次之；因任已明，而原省原，如「原其眚灾」之原；省，如「日省月試」之省。次之；原省已明，而是非次之；是非已明，而賞罰次之；賞罰已明，而愚知處宜，愚知各得其宜。貴賤履位，貴賤各安其位。仁賢不肖襲情。襲，用也。謂仁賢不肖皆用其情。必分其能，分能任事。必由其名。循名責寔。以此事上，以此畜下，以此治物，以此脩身，知謀不用，必歸其天。自然也。此之謂太平，治之至也。故書曰：「有形有名。」形名者，古人有之，而非所以先也。古之語大道者，五變而形名可舉，上文「大道」至「形名」，五變其說。九變而後賞罰可言也。九變而後及賞罰。驟而語形名，不知其本大道也。也；驟而語賞罰，不知其始大道也。也。倒道而言，不言大道而言形名。迕道而說者，不言大道而說賞罰。人之所治也，安能治人？驟而語形名賞罰，此有知治之具，非知治之道；可用於天下，不足以用天下，此之謂辯士，一曲之人也。禮法度數，形名比詳，古人有之，此下之所以事上，非上之所以畜下也。

昔者舜問於堯曰：「天王之用心何如？」堯曰：「吾不敖敖，全傲。無告，不廢窮民，苦死者，嘉慈也。孺子而哀婦人。惜寡也。此吾所以用心已。」舜曰：「美則美矣，而未大也。」堯曰：「然則何如？」舜曰：「天德無爲也。而出寧，出治而萬物自寧。日月照而四時行，若晝夜之有經，雲行而雨施矣。」堯曰：「然則膠膠擾擾乎？膠膠擾擾，多事之貌。言我之所爲，猶覺多事也。子，天之合也；我，人之合也。」夫天地者，古之所大也，而黄帝、堯、舜之所共美也。故古之王天下者，奚爲哉？天地而已矣。

孔子西藏書於周室。欲藏所著之書于周室。子路謀曰：「由聞周之徵藏名也。藏史主徵藏之史官。有老聃者，免而歸居，夫子欲藏書，則試往因焉。」因，托也。孔子曰：「善。」往見老聃，而老聃不許，於是繙十二經以説老聃。説，音税。反覆言欲所藏之十二經于老聃也。中其説，説纔至半也。曰：「大大，音太。謾，老子謂其太煩。願聞其要。」孔子曰：「要在仁義。」老聃曰：「請問，仁義，人之性邪？」孔曰：「然。君子不仁則不成，成，立也。不義則不生。生，遂也。仁義，真人之性也，又將奚爲矣？」老聃曰：「請問，何謂仁義？」孔子曰：「中心物愷，愷，樂也。與物爲樂。兼愛無私，此仁義之情也。」老聃曰：「意，意，作噫。幾乎後失也。言。夫兼愛，不亦迂乎？物之不齊，何可兼愛？無私焉，乃私也。有意無私，便是私矣。夫子若欲使天下無失其牧養也。乎？則天地固有常矣，日月固有明矣，星辰固有列矣，禽獸固有羣矣，樹木固有立矣。夫子亦放放，作倣。德而行，遁道而趨，已至矣；又何偈偈 用力貌。 乎揭仁義，若擊鼓而求亡 逃也。 子焉？意，意，作噫。 夫子亂人之性也。」

士成綺見老子而問曰：「吾聞夫子聖人也，吾固不辭遠道而來願見，百舍 百日而止宿。 重趼 足跟皮厚。 而不敢息。今吾觀子，非聖人也。鼠壤有餘蔬而棄妹，言鼠壤且有餘食，而不養其妹。 不仁也；生熟不盡于前，生熟之物甚多。 而積斂無崖。」 而猶積斂無崖。崖，當作涯。 老子漠然不應。士成綺明日復見，曰：「昔者吾有刺 譏也。 于子，今吾心正郤 退悔也。 矣，何故也？」老子曰：「夫知巧神聖之人，吾自以爲脱 不及也。 焉。昔者子呼我牛也而謂之牛，而我即自謂之牛。 呼我馬也而謂之馬。苟有其實，人與之名而弗受，再受其殃。人被我以惡名，已受其殃矣；而我不受，則人益惡之，將再受其殃矣。 吾服也恒服，言我以此服人，而人恒服焉。 吾非以服有服。」 然吾非以此爲可服人，而有意以服之也。 士成綺雁行避影，履行 側身而行。 遂進而問：「脩身若何？」老子曰：「而容崖然，崖，異也。 而目衝然，突視也。 而顙頯然，直聳也。 而口闞然，張口貌。 而狀義然，方直也。 似繫馬而止也。馬性本馳，強繫而止。動而持，發也 其機之動，若持滿而欲發。機，察而審，伺察而詳審。知巧而睹於泰，知巧外見，人視之泰然。凡以爲不信。凡此數者，皆內無寔德。邊竟 竟，仝境。有人焉，其名爲竊。」邊疆之地，設有此人，人咸以「竊」目之也。

夫子曰：「夫道，於大不終，語其大，則不可終窮。於小不遺，而于小者又能不遺。故萬物備廣，故雖萬物之備、之廣。廣乎其無不容也，而其量之廣，足以容之。淵乎其不可測也。形德仁義，神之末也，若但形其德于仁義，則神之末也。非至人孰能定之？夫至人有世，天下也。不亦大乎？而不足以爲之累。天下奮棅 棅、柄仝。而不與之偕，奮起而操天下之柄，而仍如其無操。審乎無假 不假作爲。而不與利遷，不爲利動也。極物之真，能守其本。故外天地，遺萬物，而神未嘗有所困也。通乎道，合乎德，退仁義，賓 作擯。禮樂，至人之心有所定矣。」

世之所貴道者，書也。書不過語，語有貴也。語之所貴者，意也，意有所隨。向也。意之所隨者，不可以言傳也，而世因貴言傳書。世雖貴之哉，猶不足貴也，言寔不足貴。爲其貴非其貴也。故視而可見者，形與色也；聽而可聞者，名與聲也。悲夫，世人以形色名聲爲足以得彼之情。夫形色名聲果不足以得彼之情，則知者不言，知道者不求之言。言者不知，求之言，未必知道。而世豈識之哉？

桓公讀書於堂上，輪扁斲輪於堂下，釋椎鑿而上，問桓公曰：「敢問，公之所讀者何言邪？」公曰：「聖人之言也。」曰：「聖人在乎？」公曰：「已死矣。」曰：「然則君之所讀者，古人之糟魄已夫。」桓公曰：「寡人讀書，輪人安得議乎？有説則可，無説則死。」輪扁曰：「臣也以臣之事觀之。斲輪，徐則甘而不固，疾則苦而不入，紓徐，則甘滑易入，而不覺木之堅。急疾，則苦澀而難入。不疾不徐，得之於手而應之於心，口不能言，有數存焉于其間。臣不能以喻臣之子，臣之子亦不能受之於臣，是以行年七十而老斲輪。古之人與其不可傳也死矣，然則君之所讀者，古人之糟魄已夫。」

天運第十四

「天其運乎？地其處乎？日月其争於所乎？孰主張是？言必有主張是運者。孰綱維是？言必有綱維是處者。孰居無事推而行是？不見其有所作爲，而推行此日月者誰乎？意者其有機緘如有所係屬。而不得已邪？意者其運轉而不能自止邪？雲者爲雨乎？雨者爲雲乎？雲合而雨，雨止爲雲。孰隆普徧也。施是？孰居無事淫樂陰陽交而致雲雨，故曰淫樂。而勸勸，化也。化生萬物。是？風起北方，一西一東，有有，作又。上彷徨，言風起北方，從而西東，又上而彷徨不定。孰噓吸是？孰居無事而披拂是？敢問何故？」巫咸袑袑，音超。曰：「來，吾語女。天有六極四時寒暑。五常，五行也。帝王順之則治，言造化無爲，不過此六極五常之運行。若帝王順此無爲之道，則天下治。逆之則凶。九洛之事，「九疇」、「洛書」之事。治成德備，監照下土，言治成備德，則統御天下，如天之監照下土也。天下戴之，此謂上皇。」

商大宰蕩問仁于莊子。莊子曰：「虎狼，仁也。」曰：「何謂也？」莊子曰：「父子相親，何謂不仁？」曰：「請問至仁。」莊子曰：「至仁無親。」至仁則并其親而忘之。大宰曰：「蕩聞之，無親則不愛，不愛則不孝。謂至仁不孝，可乎？」莊子曰：「不然。夫至仁尚矣，孝固不足以言之。言只説一箇仁，固不足以爲至仁；只説一箇孝，亦不足以言至孝也。此就太宰説孝，因即孝以説到至仁。此非過孝之言也，言子以愛説孝，非過于孝之言。不及孝之言也。乃不及于孝之言，蓋孝亦不止愛親也。夫南行者至郢，北面而不見冥山，是何也？則去之遠也。以去北遠者不見北山，喻仁孝至者忘其爲仁孝也。故曰：以敬敬，則有行迹。孝易，以愛孝難；以愛孝易，而忘親難；忘其爲愛。忘親易，使親忘我難；親亦忘我之愛。使親忘我易，兼忘天下難；以愛親之愛愛天，而亦忘其爲愛。兼忘天下易，使天下兼忘我難。即忘帝力于何有。夫德夫有如是之德。遺堯舜而不爲也，所以薄堯舜而不足爲也。利澤施於萬世，天下莫知也，豈直太息讚歎也。而言仁孝乎哉？夫孝悌仁義，忠信廉貞，此皆自勉以役其德者也，此不過一節一行之士，勉自脩飭，以勞其爲德者也。不足多也。故曰：至貴，國爵并焉；并，作屏，棄也。在我者爲至貴，則爵可棄。至富，國財并焉；至願，願，好也。名譽并焉。是以道不渝。」爵富名譽，皆不足以動心，而我道不變也。

北門成問於黃帝曰：「帝張《咸池》之樂於洞庭之野，吾始聞之懼，復聞之怠，卒聞之而惑；蕩蕩默默，乃不自得。」帝曰：「女殆其然哉。言無怪女如此也。吾奏之以人，樂由人奏。徵之以天，驗之以天之氣候。行之以禮義，聲容節奏，咸有其序，皆合其宜。建之以太清。太清，先天一炁，聲氣之元。建，主也，樂以此爲主也。夫至樂者，先應之以人事，順之以天理，行之以五德，應之以自然；然後調理四時，太和萬物。一說「夫至樂者」至此三十五字，原是註，誤作大文。四時迭起，萬物循生；一盛一衰，文武倫經；一清一濁，陰陽調和，流光流動光彩。其聲；蟄蟲始作，吾驚之以雷霆；其卒無尾，其始無首；循環無端。一死一生，陰陽律呂，死生之道也。一僨仆也。一起；高下清濁，仆起之象也。所常無窮，常然之道，而變化無窮。而一不可待。聞無窮之變，不可以一求之。女故懼也。宜乎怳忽無措而懼也。吾又奏之以陰陽之和，燭之以

日月之明。其聲能短能長，能柔能剛，變化齊一，不主故常；在谷滿谷，在阬阬、坑仝。**滿阬；**言其洋溢充滿。**塗郤守神，**郤，作隙。塗塞其聰明之隙，而專其守于神志。**以物爲量。**量之以律吕之管。**其聲揮綽，**揮揚寬綽。**其名高明。是故鬼神守其幽，日月星辰行其紀。吾止之於有窮，**止乎其不得不止。**流之於無止。**行乎其不得不行。**子欲慮之而不能知也，**深思之而不能知。**望之而不能見也，**莫窺其際。**逐之而不能及也，儻然**猶惝怳。**立于四虛**前後左右，俱無可憑。**之道，倚于槁梧而吟：『目知窮乎所欲見，力屈乎所欲逐，吾既不及已矣。』**吾之樂，女既不及知矣。**形充空虛，**則形體雖充，而中寔惝怳，如空虛然。**乃至委蛇。**放弛而不克收束也。**女委蛇，故怠。吾又奏之以無怠之聲，調之以自然之命，**調之使出于自然，如天命之流行。**故若混逐**若萬物叢生而混同相逐。**叢生，林樂**其樂之同，如林之聚。**而無形，**而又無形迹。**布揮而不曳，**布散揮揚而無牽曳之迹。**幽昏而無聲。**其幽深昏默，又若寂然無聲。**動於無方，居于窈冥；或謂之死，或謂之生；或謂之實，**蓄于內。**或謂之榮；**發于外。**行流散徙，不主常聲。世疑之，稽于聖人。**世疑之，以謂此非考之聖人不能知也。聖也者，達于情達于樂之情。而遂於命也。順于自然之命者也。天機不張天機默運而不動。而五官皆備，而五官自具其用。此之謂天樂，無言而心說。說，音悦。故有焱焱，音標。氏爲之頌曰：『聽之不聞其聲，視之不見其形，充滿天地，包裹六極。』女欲聽之而無接焉，無從與之相接。而故惑也。樂也者，始於懼，懼故祟；吾又次之以怠，怠故遁；怠倦則思棄去。卒之于惑，惑故愚；愚故道，愚則可入道。道可載而與之俱也。」

孔子西遊於衛。顏淵問師金曰：「以夫子謂孔子。之行爲奚如？」師金曰：「惜乎，而夫子其窮哉。」顏淵曰：「何也？」師金曰：「夫芻狗結草爲狗，祭天之物。之未陳也，盛以篋衍，巾以文繡，尸祝齋戒以將之。及其已陳也，行者踐其首脊，蘇者取而爨之而已。將復取而盛以篋衍，巾以文繡，遊居寢臥其下，彼不得夢，必且數眯焉。此人縱未嘗夢，亦如數數夢魘矣。言其惑也。眯，魘也。今而夫子亦取先王已陳芻狗，喻仁義禮樂。取弟子遊居寢臥其下。故伐樹于宋，削迹于衛，窮于商周，是非其夢邪？圍于陳蔡之間，七日不火食，死生相與鄰，是非其眯邪？夫水行莫如用舟，而陸行莫如用車。以舟之可行於水也，而求推之于陸，則没世不行尋常。古今非水陸與？周魯非舟車與？今蘄行周于魯，是猶推舟于陸也，勞而無功，身必有殃。彼未知夫無方之傳，應物而不窮者也。且子獨不見夫桔槔者乎？引之則俯，舍之則仰。彼，人之所引，任人之引。非引人也，故俯仰而不得罪于人。故夫三皇五帝之禮義法度，不矜誇稱也。於同而矜於治。故譬三皇五帝之禮義法度，其猶柤梨橘柚邪。其味相反而皆可于口。故禮義法度者，應時而變者也。今取猨狙而衣以周公之服，彼必齕齧挽裂，盡去而後慊。觀古今之異，猶猨狙之異乎周公也。故西施病心而矉作顰。其里，其里之醜人見而美之，歸亦捧心而矉其里。其里之富人見之，堅閉門而不出；貧人見之，挈妻子而去之走。彼知美矉，而不知矉之所以美。惜乎，而夫子其窮哉。」

孔子行年五十有一而不聞道，乃南之沛見老聃。老聃曰：「子來乎？吾聞子，北方之賢者也，子亦得道乎？」孔子曰：「未得也。」老子曰：「子惡乎求之哉？」曰：「吾求之于度數，五年而未得。」老子曰：「子又惡乎求之哉？」曰：「吾求之于陰陽，十有二年而未得。」老子曰：「然。使道而可獻，則人莫不獻之于其君；使道而可進，則人莫不進之于其親；使道而可以告人，則人莫不告其兄弟；使道而可以與人，則人莫不與其子孫。然而不可者，無他也，中無主而不止，不能止而不遷。外無正外無所就正。而不行。則無以印證而不行。由中出者，自悟入者。不受于外，聖人不出；故聖人亦不出言以强語之。由外入者，自見聞入者。無主于中，聖人不隱。然作止語默無非教也。名，公器也，不可多取。仁義，先王之蘧廬草舍也。也，止可以一宿而不可以久處，覯而多責。若屑屑以仁義自見，則人反多責備于我。古之至人，假道于仁，託宿于義，以遊逍遥之墟，食于苟簡之田，立于不貸之圃。逍遥，無爲也；苟簡，易養也；不貸，無求也。無出不費。也。古者謂是采真之遊。以富爲是者，不能讓禄；以顯爲是者，不能讓名；親權者，不能與人柄。操之則慄，舍之則悲，而一無所鑒，不知鑒戒。以闚其所不休者，窺竊權勢而不知止。是天之戮民也。怨、恩、取、與、諫、教、生、殺八者，正之器也，正人之器。惟循大變無所湮者所謂死生無變于己者。爲能用之。故曰：正者，正也。其心以爲不然者，天門靈府也。弗開矣。」

孔子見老聃而語仁義。老聃曰：「夫播糠眯目，則天地四方易位矣；蚊虻噆噆，音匝。膚，則通昔作「夕」。不寐矣。夫仁義憯然，乃憤吾心，亂莫大焉。吾子使天下無失其樸，吾子亦放放，上聲。風而動，總德而立矣，又奚傑然若負建鼓而求亡子者邪？夫鵠不日浴而白，烏不日黔而黑。黑白之樸，不足以爲辯；黑白各任其自然，不必深致其辯。名譽之觀，不足以爲廣。則名譽特外觀之美，何足以廣我之性？泉涸，魚相與處于陸，相呴以濕，相濡以沫，非自然之性矣。不若相忘於江湖。」

孔子見老聃歸，三日不談。弟子問曰：「夫子見老聃，亦將何規哉？」何所規正之。孔子曰：「吾乃今于是乎見龍。龍，合而成體，散而成章，乘乎雲氣而養乎陰陽。予口張而不能嗋，嗋，同協。合也。予又何規老聃哉？」子貢曰：「然則人固有尸居而龍見，雷聲而淵默，發動如天地者乎？賜亦可得而觀乎？」遂以孔子聲見老聃。聲，稱也。稱道孔子爲先容也。老聃方將倨堂而應，微曰：「予年運而往矣，言年邁也。子將何以戒我乎？」子貢曰：「夫三皇五帝之治天下不同，其係聲名一也。而先生獨以爲非聖人，如何哉？」老聃曰：「小子少進。何以謂不同？」對曰：「堯授舜，舜授禹，禹用力而湯用兵，文王順紂而不敢逆，武王逆紂而不肯順，故曰不同。」老聃曰：「小子少進。余語女三皇五帝之治天下。黄帝之治天下，使民心一，民有其親死不哭而民不非也。堯之治天下，使民心親，民有爲其親殺其殺情獨隆于親，其餘則皆降殺。而民不非也。舜之治天下，使民心競，民孕婦十月生子，子生五月而能言，不至乎孩而始誰，問人爲誰。則人始有夭矣。民竅開早，故有夭折，世道之薄也。禹之治天下，使民心變，人有心而兵有順，人有機心，用兵以使人順。殺盜非殺，盜自應殺，殺之非殺也。人自爲種種，類。人各類從，非大同也。而天下耳，天下皆然耳。是以天下大駭，儒墨皆起。其作始有倫，夫婦之作，其始固有倫序。而今乎婦，女何言哉？今皆惟耽女色，此何以説邪？余風化者，機動于此，神應于彼，不見其跡，莫知其然而然也。言以陳迹感人，曷亦感之以無迹？

語女，三皇五帝之治天下，名曰治之，而亂莫甚焉。三皇之知，上悖日月之明，下睽山川之精，中墮 墮，作隳。 四時之施，其知憯于蠣 蠣，音賴。 蠆之尾，鮮規 少籠絡。 之獸，莫得安其性命之情者，而猶自爲聖人，不可恥乎？其無恥也。」子貢蹵蹵然立不安。

孔子謂老聃曰：「丘治《詩》、《書》、《禮》、《樂》、《易》、《春秋》六經，自以爲久矣，孰 孰，仝熟。 知其故矣；以奸 奸，作干。 者七十二君，論先王之道而明周、召之迹，一君無所鉤 取也。 用。甚矣夫，人之難説 説，音税。 也。道之難明邪？」老子曰：「幸矣，子之不遇治世之君也。夫六經，先王之陳迹也，豈其所以迹哉？今子之所言，猶迹也。夫迹，履之所出，而迹豈履哉？夫白鶂 鶂，音鷁。 之相視，眸子不運 其神專注。 而風化； 白鶂，鶬鶂也。風化，氣化也。 蟲，雄鳴於上風，雌應于下風而風化；類自爲雌雄，故風化。 類，鳥獸名。《山海經》曰：「亶爰之山，有獸如狸，名曰師類。帶山有鳥，其狀如鳳，名曰奇類。」雌雄風化，言雖有雌雄，而亦風化也。 性不可易，命不可變， 各率其性，各受其命，豈可強爲變易？ 時不可止，道不可壅。 時不能止而不變，道不可執而不通。 苟得於道，無自往也。而不可；失焉者，無自而可。」孔子不出三月，復見曰：「丘得之矣。烏鵲孺，孺，即孺。魚傳沫，細要要，作腰。者化，孺，孚而生。傳沫，魚不交，但仰其吐沫。細要，螟蛉之屬。有弟而兄啼。爲分其愛而啼。然孩提豈知嫉妬哉？亦不知其然而然者。久矣夫，丘不與化爲人。言上四者，皆自然感應，所謂化也。而我有言有行，觸處形跡，是不能與化爲人也。不與化爲人，安能化人？」老子曰：「可。丘得之矣。」

刻意第十五

刻（峻削也。）意尚（高過也。）行，離世異俗，高論怨誹，爲亢而已矣；此山谷之士，非世之人，枯槁赴淵（入山惟恐不深之意。）者之所好也。語仁義忠信，恭儉推讓，爲脩而已矣；此平世之士，教誨之人，遊居學者之所好也。語大功，立大名，禮君臣，正上下，爲治而已矣；此朝廷之士，尊主彊國之人，致功并兼者之所好也。就藪澤，處閒曠，釣魚閒處，無爲而已矣；此江海之士，避世之人，閒暇者之所好也。吹呴呼吸，吐故納新，熊經鳥申，爲壽而已矣；此道引之士，養形之人，彭祖壽考者之所好也。若夫不刻意而高，無仁義而脩，無功名而治，無江海而閒，不道引而壽，無不忘也，無不有也，澹然無極而衆美從之。此天地之道，聖人之德也。故曰：夫恬惔寂寞，虚無無爲，此天地之平而道德之質也。故曰：聖人休休焉則平易矣，平易則恬惔矣。平易恬惔，則憂患不能入，邪氣不能襲，故其德全而神不虧。故曰：聖人之生也天行，其死也物化；静而與陰同德，動而與陽同波；不爲福先，不爲禍始；感而後應，迫而後動，不得已而後起。去知與故，遁天之理。故無天災，無物累，無人非，無鬼責。其生若浮，其死若休。不思慮，不豫謀。光矣而不耀，信矣而不期。其寢不夢，其覺無憂。其神純粹，其魂不罷。虚無恬惔，乃合天德。故曰：悲樂者，德之邪；喜怒者，道之過；好惡者，德之失。故心不憂樂，德之至也；一而不變，静之至也；無所於忤，虚之至也；不與物交，淡之至也；無所於逆，粹之至也。故曰：形勞而不休則弊，精用而不已則勞，勞則竭。水之性，不雜則清，莫動則平；鬱閉而不流，亦不能清；天德之象也。故曰：純粹而不雜，静一而不變，淡而無爲，動而以天行，此養神之道也。夫有干越之劍者，柙而藏之，不敢用也，寶之至也。精神四達並流，無所不極，上際于天，下蟠于地，化育萬物，不可爲象，其名爲同帝。同于天帝之所爲。純素之道，惟神是守；守而勿失，與神爲一；一之精通，一之精工與天通。合于天倫。則合而與天偶矣。野語有之曰：「衆人重利，廉士重名，賢士尚志，聖人貴精。」故素也者，謂其無所與雜也；純也者，謂其不虧其神也。能體純素，謂之真人。

繕性第十六

繕 脩治也。 性於俗學，以求復其初；滑欲于俗思，以求致其明：謂之蒙蔽之民。古之治道者，以恬養知；知生而無以知爲也，謂之以知養恬。 苟知我有生之初，本來無知，則恬者常恬矣，謂之以知養恬。 知與恬交相養，而和理出其性。 和順出于性之自然。 夫德，和也；道，理也。 道德只是和順。 德無不容， 和則無不容。 仁也；道無不理，義也； 順即是義。 義明而物親， 義明于中，而與物相親。 忠也；中純實而反乎情，樂也； 即「反身而誠，樂莫大焉」之謂。 信行容體 寔其行，則容其體。有諸內，必形諸外也。 而順乎文， 自然有節文。 禮也。禮樂偏行， 可見禮樂從道德中出，若無道德，是偏行禮樂。 則天下亂矣。 彼正而蒙己德， 彼萬物既正，而我韜晦其德。 德則不冒， 則我之德，不至加出于物之上。 冒則物必失其性也。 若以我之德加于物之上，將必有所作爲以治之，而物失其性矣。

古之人，在混芒之中，與一世而得澹漠焉。當是時也，陰陽和静，鬼神不擾，四時得節，萬物不傷，羣生不夭，人雖有知，無所用之，此之謂至一。當是時也，莫之爲而常自然。逮德下衰，及燧人、伏戲始爲天下，是故順而不一。德又下衰，及神農、黄帝始爲天下，是故安而不順。德又下衰，及唐、虞始爲天下，興治化之流，失其源。澆淳散樸，澆，同澆。離道以善，離自然之道以爲善。險德以行，然後去性去其天命之性。而從于心。而從于人欲之心。心與心識知，而不足以定天下，從心又生出心之識知來，而猶不足以定天下。然後附之以文，益之以博。文滅質，博溺心，然後民始惑亂，無以反其性情而復其初。

由是觀之，世喪道矣，道喪世矣。世與道交相喪也，道之人有道之人。何由興於世，世亦何由興乎道哉？道無以興乎世，世無以興乎道，雖聖人不在山林之中，其德隱矣。隱，故不自隱。然則世隱之耳，非聖人自隱也。

古之所謂隱士者，非伏其身而弗見也，非閉其言而不出也，非藏其知而不發也，時命大謬也。當時命而大行乎天下，則反一無迹；一，即前之「至一」也。返天下于一，而不見其有所作爲。不當時命而大窮乎天下，則深根寧極而待：此存身之道也。

古之存身者，不以辯飾知，不以知窮天下，不以知窮德，逞知則喪德。危然處其所而反其性已，又何爲哉？道固不小行，德固不小識。小識傷德，小行傷道。故曰：正己而已矣。樂全之謂得志。正己而物正，則不以小行小識傷道德，而我樂其全，此謂得志。

古之所謂得志者，非軒冕之謂也，謂其無以益其樂而已矣。今之所謂得志者，軒冕之謂也。軒冕在身，非性命也，物之儻來，適然而來。寄也。寄之，其來不可圉，全禦。其去不可止。留也。故不爲軒冕肆志，富貴不淫。不爲窮約趨俗，貧賤不移。其樂彼與此同，彼此謂窮達。窮達皆樂。故無憂而已矣。今寄去寄者一失。則不樂。由是觀之，雖樂，未嘗不荒也。故曰：喪己於物，失性於俗者，謂之倒置失其本末輕重。之民。

秋水第十七

秋水時至，百川灌河，涇流之大，兩涘涘，水際也。水盛，則兩涘潤大。渚崖之間不辨牛馬。涘潤，則渚崖之物見不分明。于是焉河伯欣然自喜，以天下之美爲盡在己。順流而東行，至於北海，東面而視，不見水端。於是焉河伯始旋其面目，望洋望其汪洋。向若若，海神名。而嘆曰：「野語有之『聞道百，道有萬般，始聞其百。以爲莫己若』者，我之謂也。且夫我嘗聞少仲尼之聞，而輕伯夷之義者，始吾弗信；今我睹子之難窮也，吾非至於子之門則殆矣，則幾局于小見矣。吾長見笑於大方之家。」北海若曰：「井鼃不可以語於海者，拘於虛猶墟也。也；夏蟲不可以語於冰者，篤於時也；專于一時。曲士不可以語於道者，束於教也。今爾出於崖涘，觀于大海，乃知爾醜，爾將可與語大理矣。天下之水，莫大於海，萬川歸之，不知何時止而不盈；尾閭泄海水處。泄之，不知何時已而不虛；春秋不變，水旱不知。此其過江河之流，不可爲量數。而吾未嘗以此自多者，自以比形於天地，而受氣於陰陽，吾在於天地之間，猶小石小木之在大山也。方存乎見少，又奚以自多？計四海之在天地之間也，不似礨空礨，音壘。空，音孔。小穴也。之在大澤乎？計中國之在海内，不似稊米之在大倉乎？號物之數謂之萬，人處一焉；人卒盡也。九州，穀食之所生，舟車之所通，人處一焉。此其比萬物也，不似毫末之在於馬體乎？五帝之所連，以治相連。三王之所争，仁人之所憂，任士之所勞，盡此矣。伯夷辭之以爲名，仲尼語之以爲博，此其自多也，不似爾向之自多於水乎？」

河伯曰：「然則吾大天地而小毫末，可乎？」北海若曰：「否。夫物，量無窮，時無止，分分，去聲。無常，終始無故。迹也。是故大知大知之人。觀於遠近，故小而不寡，大而不多，身在此，則此近彼遠；身在彼，則彼近此遠。遠近雖異，彼此視之則一也，則大小不足爲多寡也。知量無窮；以是知物量之無窮也。證曏明也。今故，上故，作古。故遥而不悶，掇而不跂，證明今古，則未來者雖遥，然後之視今，猶今之視昔。其故了了，何悶之有？既往者雖難掇取，然昔之視今，亦猶今之視後。只在現前，何必跂望？**知時無止；**以是知時無定止也。**察乎盈虛，**察造化之盈虛。**故得而不喜，**盈則必虛，得不足喜。**失而不憂，**虛則必盈，失不足憂。**知分之無常也；明乎坦途，**明乎往復之道。**故生而不説，**説，作悦。**死而不禍，**生必有死，故不悦。死者爲歸，豈爲禍？**知終始之不可故也。**故，一定之迹也。**計人之所知，不若其所不知；**不若無知，即「王倪對齧缺之問」意。**其生之時，不若未生之時；**不若無生，即「髑髏不願人間之勞」意。**以其至小，求窮其至大之域，**有知不若無知，有生不若無生，則安知至小不若至大？**是故迷亂而不能自得也。**而必欲以至小窮其至大，則惑矣。**由此觀之，又何以知毫末之足以定至細之倪？**焉知細之遂足以定細？**又何以知天地之足以窮至大之域？」**又焉知天之遂足以窮至大哉？前言大小，此段又説到無大無小。

河伯曰：「世之議者皆曰：『至精無形，至大不可圍。』圍，範圍也。**是信情**寔理也。**乎？」北海若曰：「夫自細視大者不盡，**言以細視大者，以目力之細，看不盡大者耳，非不可圍也。**自大視細者不明。**自大視細者，但眼孔大，看不明細者耳，非無形也。二句正言精粗大小之有形有數也。**夫精，**

小之微也；垺，垺，音孚。大之殷也。故異便，此勢之有也。大小不同，所便各異，勢所必然。夫精麤者，期於有形者也；故夫精粗者，猶有形者也。無形者，數之所不能分也；若至于無形，則無精粗之可分矣。不可圍者，數之所不能窮也。若真不可圍，則無窮矣，又何圍之可言？可以言論者，物之麤也；可以意致者，物之精也；且也曰精曰粗，是尚可言論者，物之麤也；必不可言論而但可意致者，乃爲精耳。言之所不能論，意之所不能察致者，不期精麤焉。然可意致，到底猶有精粗之分。若言不能論，併意亦不能致，則併無精粗之分。此段因無大小，又帶説無精粗。是故大人之行，不出乎害人，不多仁恩；雖不害人，亦不以仁恩自多。動不爲利，不賤門隸；雖不爲利，亦不以賤役求利者爲非。貨財弗爭，不多辭讓；不争亦不讓。事焉不借，不藉人力作事。不多食乎力，不用力以求食。不賤貪汙；行殊乎俗，不多辟異；行雖絶俗，而不怪異。爲在從衆，所爲在于從衆。不賤佞諂；世之爵禄不足以爲勸，戮恥不足以爲辱；知是非之不可爲分，細大之不可爲倪。聞曰：聞之于人。『道人不聞，有道之人無聲聞。至德不得，至德無所得。大人無己。』忘人我。約分之至收斂本分之至。也。」

河伯曰：「若物之外，若物之內，惡至而倪貴賤？惡至而倪小大？」言若如此，似無貴賤大小矣。然物之內外，到底有箇貴賤大小之端，何至如此？北海若曰：「以道觀之，物無貴賤；以道觀之，物本無貴賤。以物觀之，自貴而相賤；只因物之自貴而賤彼，則彼此相賤，而有貴賤之端耳。以俗觀之，貴賤不在己。若以俗觀之，則貴賤又不在己。如趙孟之貴，趙孟能賤之意。以差大小之差等。觀之，因其所大而大之，則萬物莫不大；因其所小而小之，則萬物莫不小；知天地之爲稊米也，知毫末之爲丘山也，則差數覩矣。以功觀之，因其所有而有之，則萬物莫不有；因其所無而無之，則萬物莫不無；知東西之相反而不可以相無，則功分分，去聲。定矣。以趣趣，平聲。人之趨向。觀之，因其所然而然之，則萬物莫不然；因其所非而非之，則萬物莫不非；知堯、桀之自然而相非，堯非桀之暴，桀亦非堯之仁，此性之自然者。則趣操覩矣。昔者堯、舜讓而帝，之、噲讓而絕；湯、武爭而王，白公爭而滅。由此觀之，爭讓之禮，堯、桀之行，貴賤有時，未可以爲常也。梁麗屋棟也。可以衝撞也。城，而不可以窒穴，言殊器也；騏驥驊騮一日而馳千里，捕鼠不如狸狌，言殊技也；鴟鵂鵂，音鴞。夜撮蚤，察毫末，晝瞋目而不見丘山，言殊性也。故曰：蓋蓋，當作盍。師是而無非，師治而無亂乎？是未明天地之理、萬物之情者也。是猶師天而無地，師陰而無陽，其不可行明矣。然且語而不舍，非愚則誣也。帝皇殊禪，三代殊繼。差其時、逆其俗者，謂之篡夫；當其時、順其俗者，謂之義之徒。默默乎，河伯。女惡知貴賤之門，小大之家？」

河伯曰：「然則我何爲乎？既無是非貴賤，我將何所適從？何不爲乎？吾辭受趣舍，吾終奈何？」北海若曰：「以道觀之，何貴何賤，是謂反衍；言無貴賤，則反于大道之同而寬綽也。無拘而汝也。志，與道大蹇。若拘女志，則道難行。何少何多，是謂謝施；施，則有多少。若謝而不施，則無多少。無一而行，與道參差。言毋固執汝行，與道相參差。嚴乎若國之有君，其無私德；繇繇由由也。乎若祭之有社，其無私福；泛泛乎其若四方之無窮，其無所畛域。兼懷萬物，其孰承承接也。翼？扶翊也。是謂無方。萬物一齊，孰短孰長？道無終始，物有死生，不恃其成；成，生也。一虛一滿，數有盈虛。不位乎其形。位，定也。年不可舉，年去不可追。時不可止；時去不可留。消息盈虛，終則有始。循環不息。是所以語大義之方，論萬物之理也。物之生也，若驟若馳，無動而不變，無時而不移。何爲乎？何不爲乎？夫固將自化。」將順其自然之化。

河伯曰：「然則何貴於道邪？」既聽所爲，又何貴乎學道？北海若曰：「知道者必達於理，必明于消息盈虛之理。達於理者必明於權，明于進退存亡之權。明於權者不以物害己。不爲物害。至德者，火弗能熱，水弗能溺，寒暑弗能害，禽獸弗能賊。非謂其薄之也，非謂其與物相薄，而物不能害之也。言察乎安危，寧於禍福，謹於去就，莫之能害也。故曰：『天在內，人在外，天道爲主，人道爲用。德在乎天。』德在順天之自然。知天人之行，本乎天，位乎得，本乎天而德立。蹢躅蹢躅，仝躑躅。而屈伸，反要而語極。」則躑躅屈伸自如此，反乎道而語乎理之至極矣。

曰：「何謂天？何謂人？」北海若曰：「牛馬四足，是謂天；落落，仝絡。馬首，穿牛鼻，是謂人。故曰：『無以人滅天，無以故有心也。**滅命，**自然也。**無以得**即德也。**殉名。』謹守而勿失，是謂反其真。」**

夔一足獸。**憐蚿，**蚿，音賢。百足蟲。**蚿憐蛇，**無足者。**蛇憐風，**無形者。**風憐目，**風着于人，人猶覺；而明之所注，人不覺也。**目憐心。**然到底明生于目，目有迹；而心之運用，無迹也。**夔謂蚿曰：「吾以一足跉**跉，音零。**踔**踔，卓、綽二音。**而行，予無如矣。**無如我者矣。**今子之使萬足，獨奈何？」蚿曰：「不然。子不見夫唾者乎？噴則大者如珠，小者如霧，雜而下者不可勝數也。今予動吾天機，而不知其所以然。」蚿謂蛇曰：「吾以衆足行，而不及子之無足，何也？」蛇曰：「夫天機之所動，何可易邪？吾安用足哉？」蛇謂風曰：「予動吾脊脅而行，則有似**形也。**矣。今子蓬蓬然起于北海，蓬蓬然入于南海，而似無有，何也？」風曰：「然。予蓬蓬然起于北海而入于南海也，然而指我則勝我，鰌我亦勝我。**指，如《賈誼〔一〕傳》「頤指如意」之「指」，

〔一〕「誼」，原作「詣」，據所引《漢書·賈誼傳》改。

謂使也，如帆之使風，皆是。鰌，凌籍也。《荀子》：「鰌之以刑罰。」又同蹭，蹴也，逆而凌之之意。**雖然，夫折大木、蜚大屋者，惟我能也，**言我雖有不勝處，然折木蜚屋却能大勝也。**故以衆小不勝爲大勝也。爲大勝者，惟聖人能之。」**惟聖人至明，而心至神，故能大勝人。一句括心、目兩項。

孔子遊于匡，宋人圍之數匝，而弦歌不輟。子路入見，曰：「何夫子之娛也？」孔子曰：「來，吾語女。我諱窮久矣，而不免，命也；求通久矣，而不得，時也。當堯舜，而天下無窮人，非知得也；當桀紂，而天下無通人，非知失也；時勢適然。夫水行不避蛟龍者，漁父之勇也；陸行不避兕虎者，獵夫之勇也；白刃交於前，視死若生者，烈士之勇也；知窮之有命，知通之有時，臨大難而不懼者，聖人之勇也。由，處矣。吾命有所制矣。」無幾何，將甲者進，辭曰：「以爲陽虎也，故圍之；今非也，請辭而退。」

公孫龍問于魏牟曰：「龍少學先生之道，長而明仁義之行；合同異，離堅白；然不然，可不可；困百家之知，窮衆口之辯，吾自以爲至達矣。今吾聞莊子之言，汒焉異之。不知論之不及與？

知之弗若與？今吾無所開吾喙，敢問其方。」公子牟隱几大息，仰天而笑曰：「子獨不聞夫埳（埳，音坎。）井之鼃乎？謂東海之鱉曰：『吾樂與。〔一〕吾跳梁乎井幹（欄也。）之上，入休乎缺甃（甃，音秋。）之崖；赴水則接腋（兩腋拍水。）持頤，（閉口也。）蹶泥則没足滅跗；還（回視也。）虷（虷，音寒。蟲名。）蟹與科斗，莫吾能若也。且夫擅一壑之水，而跨跱埳井之樂，此亦至矣。夫子奚不時來入觀乎？』東海之鼈左足未入，而右膝已縶矣。于是逡巡而却，告之海曰：『夫千里之遠，不足以舉其大；千仞之高，不足以極其深。禹之時，十年九潦，而水弗爲加益；湯之時，八年七旱，而崖不爲加損。夫不爲頃（暫也。）久推移，不以多少進退者，此亦東海之大樂也。』于是埳井之鼃聞之，適適然驚，規規然自失也。且夫知不知是非之竟，而猶欲觀於莊子之言，是猶使蚉負山，商蚷（蚷，音渠。）馳河也，必不勝任矣。且夫知不知論極紗之言，而自適一時之利（利，利口也。）者，是非埳井之

〔一〕「吾樂與」三字原闕，據世德堂本補。

鼃與？且彼（指莊子。）方跐（跐，音此。履也。）黃泉而登大皇，無南無北，奭然四解，淪于不測；無東無西，始于玄冥，（天地未判。）反于大通。子乃規規然而求之以察，索之以辯，是直用管窺天，用錐指地也，不亦小乎？子往矣。且子獨不聞夫壽陵餘子之學行於邯鄲與？未得國能，（邯鄲國人所能之步。）又失其故行矣，直匍匐而歸耳。今子不去，將忘子之故，失子之業。」公孫龍口呿（呿，音怯。開也。）而不合，舌舉而不下，乃逸而走。

莊子釣於濮水。楚王使大夫二人往先焉，曰：「願以竟內累矣。」莊子持竿不顧，曰：「吾聞楚有神龜，死已三千歲矣，王巾笥而藏之廟堂之上。此龜者，寧其死爲留骨而貴乎？寧其生而曳尾于塗中乎？」二大夫曰：「寧生而曳尾塗中。」莊子曰：「往矣。吾將曳尾於塗中。」

惠子相梁，莊子往見之。或謂惠子曰：「莊子來，欲代子相。」於是惠子恐，搜于國中三日三夜。莊子往見之，曰：「南方有鳥，其名鵷鶵，子知之乎？夫鵷鶵，發于南海而飛于北海，非梧桐不止，非練實不食，非醴泉不飲。於是鴟得腐鼠，鵷鶵過之，仰而視之曰：『嚇。』嚇，怒而以口拒之聲。恐奪食其鼠也。今子欲以子之梁國而嚇我邪？」

莊子與惠子遊于濠梁之上。莊子曰：「儵魚出遊從容，是魚樂也。」惠子曰：「子非魚，安知魚之樂？」莊子曰：「子非我，安知我不知魚之樂？」惠子曰：「我非子，固不知子矣；子固非魚也，子之不知魚之樂，全審也。矣。」莊子曰：「請循其本。子曰『女安知魚樂』云者，既已知吾言子謂我不知魚樂，則子既知我矣。知之而問我。已知我而猶問我。我知之濠上也。」然物我一性，我在濠上而樂，則濠下之魚可知。

至樂第十八

天下有至樂無有哉？有可以活身者無有哉？今奚爲奚據？奚避奚處？奚就奚去？奚樂奚惡？夫天下之所尊者，富貴壽善也；所樂者，身安厚味美服好色音聲也；所下者，貧賤夭惡也；所苦者，身不得安逸，口不得厚味，形不得美服，目不得好色，耳不得音聲。若不得者，則大憂以懼，其爲（爲，去聲。下仝。）形也亦愚哉。夫富者，苦身疾作，多積財而不得盡用，其爲形也亦外矣。夫貴者，夜以繼日，思慮善否，其爲形也亦疏矣。人之生也，與憂俱生，壽者惛惛，久憂不死，何之苦也。其爲形也亦遠矣。列士爲天下見（見，去聲。）善矣，未足以活身。吾未知善之誠善邪，誠不善邪？若以爲善矣，不足活身；以爲不善矣，足以活人。故曰：「忠諫不聽，蹲循勿争。」（蹲循，即逡巡。言當畏避而勿與之争。）故夫子胥争之，以殘其形；不争，名亦不成。誠有善無有哉？今俗之所爲與其所樂，吾又未知樂之果樂邪，果不樂邪？吾觀夫俗之所樂，舉羣趣者，誙誙，音硜。誙然如將不得已，而皆曰樂者，吾未之樂也，亦未之不樂也。言世之樂，舉皆趨死，不顧利害，若有所不得已者。而我不以此爲樂也，然我亦未嘗無樂也。果有樂無有哉？吾以無爲誠樂矣，又俗之所大苦也。故曰：「至樂無樂，至譽無譽。」天下是非果未可定也。是非，謂是樂非樂。雖然，無爲可以定是非。至樂活身，惟無爲幾存。請嘗試言之：天無爲以之清，地無爲以之寧，故兩無爲相合，萬物皆化。芒乎芴芴，音忽。乎，混芒沕穆之意。而無從出乎。芴乎芒乎，而無有象乎。萬物職職，各有所主也。皆從無爲殖。故曰：「天地無爲也，而無不爲也。」人也孰能得無爲哉？

莊子妻死，惠子弔之，莊子則方箕踞鼓盆而歌。惠子曰：「與人居，長子、老、身，死不哭亦足矣，又鼓盆而歌，不亦甚乎。」莊子曰：「不然。是其始死也，我獨何能無概。與世俗之悲哀一概。然察其始，而本無生；非徒無生也，而本無形；非徒無形也，而本無氣。雜乎芒芴之間，變而有氣，氣變而有形，形變而有生，今又變而之死，是相與爲春秋冬夏四時行也。人且偃然寢於巨室，而我噭 噭，音叫。 噭然隨而哭之，自以爲不通乎命，故止也。」

支離叔與滑介叔觀于冥伯之丘，崑崙之虚，黄帝之所休。俄而柳生其左肘，其意蹷蹷然惡之。支離叔曰：「子惡之乎？」滑介叔曰：「亡，予何惡？生者，假借也。假之而生生者，塵垢也。死生爲晝夜。且吾與子觀化而化及我，我又何惡焉？」

莊子之楚，見空髑髏，髐 髐，音磽。 然有形。撽 撽，音竅。 以馬箠，因而問之，曰：「夫子貪生失理，而爲此乎？將子有亡國之事，斧鉞之誅，而爲此乎？將子有不善之行，愧遺父母妻子之醜，而爲此乎？將子有凍餒之患，而爲此乎？將子之春秋故及此乎？」於是語卒，援髑髏，枕而臥。夜半，髑髏見夢曰：「子之談者似辯士。諸子所言， 子諸所言也，指前所問。 皆人生之累也，死則無此矣。子欲聞死之説乎？」莊子曰：「然。」髑髏曰：「死，無君于上，無臣于下，亦無四時之事，從 放縱也。 然以天地爲春秋，雖南面王樂，不能過也。」莊子不信，曰：「吾使司命復生子形，爲子骨肉肌膚，反子父母、妻子、閭里知識，子欲之乎？」髑髏深矉 矉，顰仝。 蹙頞曰：「吾安能棄南面王樂，而復爲人間之勞乎？」

顔回東之齊，孔子有憂色。子貢下席而問曰：「小子敢問：回東之齊，夫子有憂色，何邪？」孔子曰：「善哉，女問。昔者管子有言，丘甚善之，〔一〕曰：『褚 布袋也。 小者不可以懷大，綆短〔二〕者不可以汲深。』夫若是者，以爲命有所成，而形有所適也，夫不可損益。 此命與形一定而不可損益者。 吾恐回與齊侯言堯、舜、黄帝之道，而重以燧人、神農之言。彼將内求於己而不得，欲己之感化人而不得。 不得則惑人， 不能感人，則疑我。 惑則死。 人既疑我，則必害我。 且女獨不聞邪？昔者海鳥止於魯郊，魯侯御 作迓。 而觴之於廟，奏《九韶》以爲樂，具太牢以爲膳。鳥乃眩視憂悲，不敢食一臠，不敢飲一杯，三日而死。此以己養養鳥也，非以鳥養養鳥也。夫以鳥養

〔一〕「丘甚善之」四字原闕，據世德堂本補。
〔二〕「短」下原衍一「短」字，據世德堂本删。

養鳥者，宜棲之深林，遊之壇陸，浮之江湖，食之鰍鯈，鯈，音由。隨行列而止，委蛇而處。彼惟人言之惡聞，奚以夫譊譊，仝嘵。譊爲乎？《咸池》、《九韶》之樂，張之洞庭之野，鳥聞之而飛，獸聞之而走，魚聞之而下入，人卒聞之，相與還而觀之。魚處水而生，人處水而死。彼必相與異，其好惡故異也。故先聖不一其能，不一人之能。不同其事。因人之能而責之以事。名止於寔，名之起，循于其寔。義設於適，義之設，適人之情。是之謂條達而福持。」四者條達明暢，則人不疑害，而福自我持矣。

列子行食於道從，見百歲髑髏，攓攓，音蹇。蓬而指之曰：此當作髑髏與列子言。「惟予與女知，予與女知之之道。而未嘗死，未嘗生也。而，女也。言女固未嘗死，予固未嘗生也。若果養乎？若，亦女也。女果以養而得生乎？予果歡乎？」予果以既死而歡乎？種有幾，上二句言生死不足據，因言天地間變化之幻有幾種也。得水則爲𨻶，𨻶，音繼。水上塵垢初生苔未成者爲𨻶。得水土之際則爲鼃蠙之衣，其在水土相交之際，水得土氣凝爲鼃蠙之衣，即苔也。生于陵屯則爲陵舄，其苔生于田中高處則爲陵舄，車前艸也。陵烏得鬱棲糞壤也。則爲烏足。草名。烏足之根爲蠐螬，根化爲蟲。其葉爲胡蝶。葉化爲蝶。胡蝶胥也化而爲蟲，胥，相也。蝶之類，又胥化而爲蟲。生于竈下，其狀若脱，言此蟲之化，若生于竈下者，無皮無骨，其狀若脱也。其名爲鴝掇。鴝，音渠。鴝掇千日伏土千日。爲鳥，其名爲乾餘骨。乾餘骨之沫爲斯彌，蟲名。斯彌爲食醯。醋甕邊蠛蠓也。頤輅生乎食醯，黄軦軦，音況。生乎九猷，瞀瞀，音務。芮生乎腐蠸。蠸，音歡。食醯生頤輅，頤輅生九猷，九猷生黄軦，黄軦生腐蠸，腐蠸生瞀芮，此蟲之相生者。羊奚草名。比連也。乎不箰，箰，仝笋。久竹生青寧，羊奚之根，比連于久不生笋之竹，則生青寧。青寧生程，程生馬，馬生人，尸子曰：「越人呼豹爲程。」程生馬，馬生人，如武陵蠻生于狗，元始祖胎于狼鹿，竇武母産蛇之類，古今事不可以耳目所限斷之。或云：程，蟲名；馬，馬齒莧；人，人參也。然讀《莊子》文，只可以意會之耳。人又反入於機。機，化機也。萬物皆出於機，皆入於機。

達生第十九

達生之情者，明于養生之理者。**不務生之所無以爲；**狥外之心，養生者之所無，故不務而爲之。**達命之情者，**明于安命之寔者。**不務知之所無奈何。**死生之故，知命者之所無可奈何，故不務倖其生。**養形必先之物，物有餘而形不養者有之矣；**物如衣食之類，若謂養形必先備物，則物有餘而夭折，形不得養者有矣。**有生必先無離形，形不離而生亡者有之矣。**如謂生之必待形存，則有形在而不能踐形，如生之亡者有之矣。**生之來不能卻，其去不能止。**總之，形爲生之傳舍。生來，形不能卻；生去，形不能留。**悲夫，世之人以爲養形足以存生；而養形果不足以存生，則世奚足爲哉？**則世之逐逐于備物以養形者，奚足爲哉？**雖不足爲，而不可不爲者，其爲不免矣。**則不免爲形所累矣。**夫欲免爲形者，**欲免爲形所累者。**莫如棄世。**棄絶世事。**棄世則無累，無累則正平，**心正氣平。**正平則與彼更生，**與造化遞相生生。**更生則幾矣。**幾于達生之情。**事奚足棄而生奚足以遺？**且事何以足棄，生何以足遺乎？棄事則形不勞，遺生則精不虧。夫形全精復，與天爲一。天地者，萬物之父母也，合則成體，形與精合，則成此百骸之體。散則成始。散則反于無物之始。形精不虧，是謂能移；能與造化推移相更生也。精而又精，反以相天。反以贊助造化。

子列子問關尹子曰：「至人潛行不窒，即「入水不溺」意。蹈火不熱，行乎萬物之上而不慄。請問何以至此？」關尹曰：「是純氣之守也，不二不雜，惟元氣之爲守。非知巧果敢之列。居，予語女。凡有貌象聲色者，皆物也，物何以相遠？既爲物，焉能出類拔萃？夫奚足以至乎先？又何足以至未始有物之先？是色而已。不過是色象之物而已。則物之造乎不形，而止乎無所化，有形者皆可化，不形則無所化矣，則彼至人造乎不形而無所化者。夫得是而窮之者，是，指色象也。夫安得以色象盡之者？物焉得而止焉？既不可以色象盡之，則色象之物又焉得而障礙之乎？彼將處乎不淫之度，逍遥物外，樂而不淫之度也。而藏乎無端之紀，無端之紀，環中之理也。遊乎萬物之所終始，造化之機，萬物之出入，即萬物之所終始也。壹其性，養其氣，合其德，與天地合德。以通乎物之所造。造，造化也。夫若是者，其天守全，其神無郤，隙仝。物奚自入焉？夫醉者之墜車，雖疾不死。骨節與人同，而犯害與人異，其神全也。乘亦不知也，墜亦不知也，死生驚懼不入乎其胸中，是故遻遻，忤仝。物而不慴。懼也。彼得全于酒而猶若是，而況得全於天乎？聖人藏於天，藏神于天。故莫之能傷也。復讎者不折鏌干，殺人以鏌干，而報殺人之仇者不罪及鏌干。雖有忮心者不怨飄瓦，飄瓦中人，忮者不怨其瓦，瓦無心也。是以天下均平。故無戰攻之亂，無殺戮之刑者，由此道也。不開人之天，不鑿混沌之竅。而開天之天，流行天理。開天者德生，全其生之正理。開人者賊生。嗜欲多者害生。不厭其天，安常處順。不忽於人，循分守己。民幾乎以其真。」得全道德之真。

仲尼適楚，出于林中，見痀痀，音傴，又音居。僂僂，音屢。者承蜩，持竿黏蟬。猶掇拾也。之也。仲尼曰：「子巧乎。有道邪？」曰：「我有道也。五六月累丸累丸于竿首。二而不墜，則失者錙銖；累三而不墜，則失者十一；累五而不墜，猶掇之也。至累五丸而不墜，則承蜩猶掇之矣。吾處身也，若橛株拘；橛株，斷木也。拘，不動也。吾執臂也，若槁木之枝；雖天地之大，萬物之多，而唯蜩翼之知。吾不反不側，不以萬物易蜩之翼，何爲而不得？」孔子顧謂弟子曰：「用志不分，乃凝於神，志不分散，神乃凝聚。其痀僂丈人之謂乎。」

顔淵問仲尼曰：「吾嘗濟乎觴深之淵，津人操舟若神。吾問焉，曰：『操舟可學邪？』曰：『可。善遊者數數，音朔。能。善浮水者往往能操舟。若乃夫没人，若乃能入水底之人。則未嘗見舟而便操之也。』即「未嘗見全牛」之意，蓋神于操也。吾問焉而不吾告，言止此，吾問其所以然，而不我告也。敢問何謂也？」仲尼曰：「善遊者數能，忘水也。若乃夫没人之未嘗見舟而便操之也，彼視淵若陵，視舟之覆，猶其車之卻也。覆卻萬多也。方陳乎前而不得入其舍，神明之舍。惡往而不暇？以瓦注注，出物與人賭也。者巧，以鉤帶鉤也。注者憚，以黄金注者殙。殙，音昏。猶惛也。其巧一也，而有所矜，三者皆有巧，而物賤者得失無所關心，物貴者則矜持而憚惛也。則重外也。凡外重者内拙。」

田開之見周威公。威公曰：「吾聞祝腎學生，學養生。吾子與祝腎遊，亦何聞焉？」開之曰：「開之操拔篲洒掃之役。以侍門庭，亦何聞于夫子？」威公曰：「田子無讓，無謙讓而不言。寡人願聞之。」開之曰：「聞之夫子曰：『善養生者，若牧羊然，視其後者而鞭之。』」威公曰：「何謂也？」田開之曰：「魯有單豹者，嵒居而水飲，不與民共爭也。利，行年七十而猶有嬰兒之色。不幸遇餓虎，餓虎殺而食之。有張毅者，高門大家也。縣縣，平聲。薄，簾也，小户也。無不走也，行年四十而有内熱之病以死。豹養其内而虎食其外，毅養其外而病攻其内，此二子者，皆不鞭其後者也。」先養内者，後當慎外；先養外者，後當慎内。二子不能。

仲尼曰：「無入而藏，不專于静。無出而陽，不專于動。柴立其中央。如槁木之無心而立于動静之中。三者若得，其名必極。名爲至人。夫畏塗盜賊可畏之途。者，十殺一人，則父子兄弟相戒也，必盛卒徒而後敢出焉，不亦知乎？不亦有衛生之智乎？人之所取畏者，衽席之上，飲食之間，乃男女飲食之欲，其足以殺人而可畏者多矣，人自取之。而不知爲之戒者，過也。」

祝宗人玄端以臨牢筴説説，音税。彘，曰：「汝奚惡死？吾將三

月豢 豢，仝豢。汝，十日戒，三日齊，藉白茅，加汝肩尻乎雕俎之上，則汝爲之乎？」爲 爲，去聲。彘謀，曰：「不如食 食，音似。以糠糟，而錯之牢筴之中。」自爲謀，則苟生有軒冕之尊，死得於腞 腞，音篆。楯之上、聚僂之中則爲之。牢筴，豕圈也。楯，仝輴。腞輴，輴畫輴車，所以載柩。僂，作蔞。聚蔞，謂殯于蔞蒿。此言形戮死者，所云「藁葅」也。爲彘謀則去之，自爲謀則取之，所異彘者何也？

桓公田于澤，管仲御，見鬼焉。公撫管仲之手曰：「仲父何見？」對曰：「臣無所見。」公反，誒詒 誒詒，音熙怡。倦怠失魂之貌。爲病，數日不出。齊士有皇子告敖者，曰：「公則自傷，鬼惡能傷公？夫忿滀 滀，音旭。鬱結也。之氣，散而不反，鬱氣結于內，則魂魄散于外。則爲不足；上而不下，氣結于上。則使人善怒；下而不上，則使人善忘；不上不下，中 中，去聲。身當心，則爲病。」桓公曰：「然則有鬼乎？」曰：「有。沈 汙水。有履，神名。竈有髻。髻，音詰。竈神。户内之煩壤，户内糞埽之積。雷霆 鬼名。處之；東北方之下者，陪阿鮭蠪 鮭，音蛙。蠪，音龍。鬼名。躍之；西北方之下者，則泆 泆，音逸。陽處之。水有罔象，丘有峷，峷，音辛。山有夔，野有彷徨，澤有委蛇。」公曰：「請問，委蛇之狀何如？」皇子曰：「委蛇，其大如轂，其長如轅，紫衣而朱冠。其爲物也，惡聞雷車之聲，則捧其首而立。見之者殆乎霸。」桓公辴辴，音軫。然而笑曰：「此寡人之所見者也。」於是正衣冠與之坐，不終日而不知病之去也。

紀渻渻，音省。子爲王養鬭鷄。十日而問：「鷄已乎？」已可用乎？曰：「未也，方虛憍憍，音驕。而恃氣。」十日又問，曰：「未也，猶應嚮景。」見嚮影而尋鬭。十日又問，曰：「未也，猶疾視而盛氣。」十日又問，曰：「幾矣。鷄雖有鳴者，已無變矣，望之似木鷄矣，其德全矣。異鷄無敢應者，反走矣。」

孔子觀於呂梁，縣水三十仞，流沫四十里，黿鼉魚鼈之所不能遊也。見一丈夫遊之，以爲有苦而欲死也，使弟子竝竝作傍。流而拯之。數百步而出，被髮行歌而遊于塘下。孔子從而問焉，曰：「吾以子爲鬼，察子則人也。請問，蹈水有道乎？」曰：「亡，吾無道。吾始乎故，長乎性，成乎命。與齊回水也。俱入，與汩涌波也。偕出，從水之道而不爲私焉。而不以己私與之。此吾所以蹈之也。」孔子曰：「何謂始乎故，長乎性，成乎命？」曰：「吾生於陵而安於陵〔一〕，故也；長於水而安于水，性也；長習于水，習與性成也。不知吾所以然而然，命也。」

梓慶削木爲鐻，鐻，音據。所以懸鐘磬者。鐻成，見者驚猶鬼神。驚其巧也。魯侯見而問焉，曰：「子何術以爲焉？」對曰：「臣工人，何術之有？雖然，有一焉。臣將爲鐻，未嘗敢以耗氣也，耗散神氣。必齊以静心。齊三日，而不敢懷慶賞爵禄；齊五日，不敢懷非譽巧拙；齊七日，輒然忘我有四枝形體也。當是時也，無公朝，併忘其爲公家之事。其巧專而外滑消；然後入山林，觀天性；察木之性。形軀至矣，木之形軀可爲鐻者。然後成見鐻，未削而恍見一成鐻。然後加手焉；不然則已。則以天合天，器之所以疑神者，器成，而人疑爲鬼神者。其是與？」

〔一〕「而安於陵」四字原奪，據世德堂本補。

東野稷以御見莊公，進退中繩，直也。左右旋中規。莊公以爲文文，法也，合于法。弗過也，使之鉤百環而驅之百轉。而反。顏闔遇之，入見曰：「稷之馬將敗。」公密而不應。少焉，果敗而反。公曰：「子何以知之？」曰：「其馬力竭矣，而猶求焉，故曰敗。」

工倕旋而蓋規矩，蓋，合也。指與物化而不以心稽，故其靈臺一而不桎。

忘足，屨之適也；忘要，帶之適也；知忘是非，心之適也；不內變，不外從，事會之適也。會，與物相遇也。凡心逐于物者，心與物每不適。今內不變其純一，而不逐逐于物，則遇物而咸適矣。始乎適而未嘗不適者，人生之始，原未嘗不適，只緣逐物，便多不適。今不逐物，則是始乎適而未嘗不適也。忘適之適也。併其適而忘之，則化矣。

有孫休者，踵門而詫怪而問之也。子扁慶子曰：「休居鄉不見謂不脩，臨難不見謂不勇；見，見長也。不見所長，則謂之不脩不勇。言我必欲見長也。然而田原不遇歲，事君不遇世，賓擯仝。於鄉里，逐于州郡，則胡罪乎天哉？休惡遇此命也？」扁子曰：「子獨不聞夫至人之自行邪？忘其肝膽，遺其耳目，芒然彷徨乎塵垢之外，逍遥乎無事之業，是謂爲而不恃，不矜功也。長而不宰。德高于物而不居乎宰。今汝飾知以驚愚，脩身以明汙，脩潔己身以見人之汙。昭昭乎若揭日月而行過于炫露。也。汝得全而形軀，具而九竅，無中道夭於聾盲跛蹇而比于人數，亦幸矣，又何暇乎天之怨哉？子往矣。」孫子出。扁子入，坐有間，仰天而歎。弟子問曰：「先生何爲歎乎？」扁子曰：「向者休來，吾告之以至人之德，吾恐其驚而遂至于惑也。」弟子曰：「不然。孫子之所言是邪？先生之所言非邪？非固不能惑是。孫子所言非邪？先生所言是邪？彼固惑而來矣，又奚罪焉？」扁子曰：「不然。昔者有鳥止于魯郊，魯君説之，爲具太牢以饗之，奏《九韶》以樂之，鳥乃始憂悲眩眎，不敢飲食。此之謂以己養養鳥也。若夫以鳥養養鳥者，宜棲之深林，浮之江湖，食之以委蛇，則平陸而已矣。今休，款款、窾同。啓開也。窾啓，小竅開也。寡聞之民也，吾告以至人之德，譬之若載鼷以車馬，樂鴳以鐘鼓也。彼又惡能無驚乎哉？」

山木第二十

莊子行於山中，見大木，枝葉茂盛，伐木者止其旁而不取也。問其故，曰：「無所可用。」莊子曰：「此木以不材得終其天年。」夫子出于山，舍于故人之家。故人喜，命豎子殺鴈而烹之。豎子請曰：「其一能鳴，其一不能鳴，請奚殺？」主人曰：「殺不能鳴者。」明日，弟子問於莊子曰：「昨日山中之木，以不材得終其天年；今主人之鴈，以不材死。先生將何處？」莊子笑曰：「周將處夫材與不材之間。材與不材之間，似之而非也，處世近似，然而非道也。故未免乎累。若夫乘道德而浮游者則不然。無譽無訾，毁也。一龍一蛇，不聖不凡。與時俱化，而無肯專爲；一上一下，或升或降。以和爲量，浮游乎萬物之祖；物物主張乎物。而不物於物，則胡可得而累邪？此神農、黃帝之法則也。若夫萬物之貴，人倫之傳，此謂堯、舜、孔子。則不然。合則離，我合而人能離之。成則毁；廉則挫，尊則議；有爲則虧，賢則謀，謀，忌之。不肖則欺，胡可得而必乎哉？安可必其無累？悲夫，弟子志之，其惟道德之鄉向仝。乎？」

市南宜僚見魯侯，魯侯有憂色。市南子曰：「君有憂色，何也？」魯侯曰：「吾學先王之道，脩先君之業；吾敬鬼尊賢，親而行之，無須臾離居。然不免于患，吾是以憂。」市南子曰：「君之除患之術淺矣。夫豐狐文豹，棲于山林，伏于嵓穴，靜也；夜行晝居，戒也；雖飢渴隱約，猶且胥疏胥，相。疏，遠也。與人相遠。於江湖之上而求食焉，定也。然且不免于罔羅機辟之患，是何罪之有哉？其皮爲之灾也。今魯國獨非君之皮邪？吾願君刳形去皮，洒心去欲，而遊于無人之野。南越有邑焉，名爲建德之國。其民愚而樸，少私而寡欲；知作但知耕作。而不知藏，不知私蓄。與而不求其報；不知義之所適，不知禮之所將；猖狂妄行，乃蹈乎大方；其生可樂，其死可葬。吾願君去國捐俗，與道相輔而行。」君曰：「彼其道遠而險，又有江山，我無舟車，奈何？」市南子曰：「君無俗形，無倨傲。無留居，無留戀。以爲君車。」以此二者爲君之車，則可往矣。君曰：「彼其道幽遠而無人，吾誰與爲隣？吾無糧，我無食，安得而至焉？」市南子曰：「少君之費，寡君之欲，雖無糧而乃足。君其涉于江而浮於海，望之而不見其崖，愈往而不知其所窮。送君者皆自崖而反，君自此遠矣。故有人者累，有民有衆者爲國所累。見有於人者憂。人見其有，則思奪之，故多憂。故堯非有人，以天下讓。非見有于人也。吾願去君之累，除君之憂，而獨與道遊于大莫之國。方舟而濟于河，有虛船來觸舟，雖有惼心之人不怒；有一人在其上，則呼張歙之；歙，作翕。呼之使開船斂避。一呼而不聞，再呼而不聞，於是三呼邪，則必以惡聲隨之。向也不怒而今也怒，向也虛而今也實。人能虛己以遊世，其孰能害之？」

北宮奢爲衛靈公賦斂以爲鐘，爲壇乎郭門之外，三月而成上下之縣。此編鐘也。鐘架兩層，上下皆縣，則其鐘多。言其成之易也。王子慶忌見而問焉，曰：「子何術之設？」問其何術賦斂，成此多鐘？奢曰：「一之間，無敢設也。一，謂心志也。言我心志之內，不敢設別念也。奢聞之：『既雕既琢，復歸于樸。』心志既專，則雖雕琢而復歸于樸。侗乎其無識，儻乎無心貌。其怠疑；若怠若疑。萃乎芒乎，如物之叢生而無心。其送往而迎來，來者勿禁，往者勿止；從其彊梁，強梁者從之，不罪其皆我。隨其曲傅，曲附者隨之，不私其附我。因其自窮。因其力之所自盡，不強其所不堪。故朝夕賦斂而毫毛不挫，而況有大塗者乎？」賦斂且然，而況有大道以治民者乎？

孔子圍於陳蔡之間，七日不火食。大公任往弔之，曰：「子幾死乎？」曰：「然。」「子惡死乎？」曰：「然。」任曰：「予嘗言不死之道。東海有鳥焉，名曰意怠。其爲鳥也，翂翂翐翐，翂，音分。翐，音秩。飛而舒遲。而似無能；引援而飛，羣飛。迫脅而棲；近人而栖。進不敢爲前，退不敢爲後；食不敢先嘗，必取其緒。緒，餘也。是故其行列不斥，散也。而外人卒不得害，是以免于患。直木先伐，甘井先竭。子其意者飾知以驚愚，脩身以明汙，昭昭乎如揭日月而行，故不免也。昔吾聞之大成之人曰：『自伐者無功，功成者墮，作隳。名成者虧。』孰能去功與名而還于衆人？推而還之于人。道流而不明，順大道之流行，而未嘗自明其爲道。居得行而不名處；居得行之位，而不以聲名自處。純純常常，純一平庸。乃比于狂；削迹 削去軌跡。捐勢，不事王侯。不爲功名。是故無責于人，人亦無責焉。至人不聞，不求聞達。子何喜哉？」子何喜聞達哉？孔子曰：「善哉。」辭其交遊，去其弟子，逃于大澤；衣裘褐，食杼 杼，音序，或同栩。栗；入獸不亂羣，入鳥不亂行。鳥獸不惡，而況人乎？

孔子問子桑雩 作户。曰：「吾再逐於魯，伐樹于宋，削迹於衛，窮於商周，圍於陳蔡之間。吾犯此數患，親交益疏，徒友益散，何與？」子桑雩曰：「子獨不聞假 國名。人之亡與？亡，逃也。林回 即亡者姓名。棄千金之璧，負赤子而趨。或曰：『爲其布 財貨也。與？赤子之布寡矣；爲 爲，去聲。其累與？與，平聲。赤子之累多矣。棄千金之璧，負赤子而趨，何也？』林回曰：『彼 璧。以利合，此 赤子。以天屬也。』夫以利合者，迫窮禍患害相棄也；以天屬者，迫窮禍患害相收也。夫相收之與相棄亦遠矣。且君子之交淡若水，小人之交甘若醴；君子淡以親，小人甘以絕。彼無故以合者，則無故以離。」孔子曰：「敬聞命矣。」徐行翔佯 不自得之狀。而歸，絶學捐書，弟子無挹於前，其愛益加進。挹，仝揖。謂揖讓之虛文也。異日，桑雩又曰：「舜之將死，真冷「其命」之誤，或曰即丁寧也。禹曰：『汝戒之哉。形莫若緣，緣，因也。因其自然。情莫若率。』率，循也。循其自然。緣則不離，率則不勞，不離不勞則不求文以待形，則真率而無待于禮文。不求文以待形，固不待物。」又何資于外物乎？

莊子衣大布而補之，正緳緳，音絜。帶也。係履履破而以索係之。而過魏王。魏王曰：「何先生之憊憊，音敗。邪？」莊子曰：「貧也，非憊也。士有道德不能行，憊也；衣弊履穿，貧也，非憊也，此所謂非遭時不遇時。也。王獨不見夫騰猿乎？其得柟梓豫章也，攬蔓其枝攀攬纏繞其枝。而王長其間，王長，音旺掌。王長，精神旺壯也。雖羿、蓬蒙不能眄睨也；及其得柘棘枳枸之間也，危行側視，振動悼慄。此筋骨非有加急而不柔也，處勢不便，未足以逞其能也。今處昏上亂相之間而欲無憊，奚可得邪？此比干之見剖心徵也夫。」已然之明驗也。

孔子窮於陳蔡之間，七日不火食。左據槁木，右擊槁枝，而歌猋猋，音標。氏之風，有其具有枝以擊木。而無其數，無節奏。有其聲而無宮角，木聲與人聲，犁然有當當，去聲。于人之心。顔回端拱還目而窺之。仲尼恐其廣己而造造，音慥。下仝。大也，恐其推尊己而至于過大。愛己而造哀也，愛己而至于過哀。曰：「回，無受天損易，天損，貧也。不爲貧所困猶易。無受人益難。人益，富也。不以富而驕爲難。無始而非卒也，始終一貫。人與天一也。天人一理。夫今之歌者其誰乎？」今之困而歌者，果誰爲之乎？蓋天也。回曰：「敢問無受天損易。」仲尼曰：「飢渴寒暑，窮桎不行，窮困不通。天地之行也，運物之泄也，此天地之道，所以運用萬物而泄其過盛也。言與之偕逝之謂也。言當順之而與之偕行也。爲人臣者，不敢去之。執臣之道猶若是，臣之于君，猶當逆來順受。而況乎所以待天乎？」「何謂無受人益難？」仲尼曰：「始用四達，初出用世，便無不順利。爵禄並至而不窮，物之所利，乃非己也，此外物之利，無與于己。吾命有在外者也。雖吾命之所有，然寔自外來者。君子不爲盜，賢人不爲竊。外物而我欲之據之，是盜竊也，君子不爲也。吾若取之，何哉？故曰：鳥莫知知，去聲。于鷾鴯，鷾鴯，音意而。燕也。目之所不宜處，不給視，不當居之處，目不視及之。雖落其寔，棄之而走。雖遺落其口中之食，寧棄之而去。其畏人也，而襲諸人間社稷，托之人間堂上，社稷神明所居之處。存焉爾。」以謂此庶足存我生焉耳。「何謂無始而非卒？」仲尼曰：「化其萬化而不知其禪之者，一氣運轉，化其萬化，而莫知其所代禪者。焉知其所終？焉知其所始？正而待之而已耳。」吾惟正以待之，順其自化已耳。「何謂人與天一邪？」仲尼曰：「有人，天也；有天，亦天也。人之所以有人，天生之；而所以有天，造化爲之。此天人一原。人之不能有天，性也。人之所以失天者，篤于嗜欲之性也。聖人晏然體逝而終矣。」體造化之運而終其身矣。

莊周遊乎彫陵之樊，覩一異鵲自南方來者，翼廣七尺，目大運寸，可回一寸。感觸也。周之顙，而集于栗林。莊周曰：「此何鳥哉，翼殷殷，大也。不逝，目大不睹？」蹇裳躩步，執彈而留。怪其不逝不睹，故執彈不發而伺之。覩一蟬，方得美蔭而忘其身；螳螂執翳而搏之，見得而忘其形；異鵲從而利之，見利而忘其真。忘其逝睹之真性。莊周怵然曰：「噫，物固相累，二類相召也。」蟬召螳螂，螳螂召鵲。

捐彈而反走，虞人逐而誶 誶，音歲。 之。 栗林係虞人之禁地，以其誤入而詈之也。 莊子反入，三月 三月，或云當作是日。 不庭。 不出户庭。 藺且從而問之：「夫子何爲頃間甚不庭乎？」莊周曰：「吾守形 吾爲守形之學。 而忘身， 乃因逐鵲而忘身。 觀於濁水而迷於清淵。 此喻也。 且吾聞之夫子曰：『入其俗，從其俗。』 入俗當從俗，不當犯栗林之禁。 今吾遊於彫林而忘吾身，異鵲感吾顙，遊於栗林而忘真，栗林虞人以吾爲戮。 辱也。 吾所以不庭也。」

陽子之宋，宿于逆旅。逆旅人有妾二人，其一人美，其一人惡，惡者貴而美者賤。陽子問其故，逆旅小子對曰：「其美者自美， 自恃其美則驕妬。 吾不知其美也； 故人惡之，不見其美也。 其惡者自惡， 自知其惡則謙退。 吾不知其惡也。」 故人喜之，而忘其惡也。 陽子曰：「弟子記之。行賢而去自賢之行， 下「行」，去聲。 安往而不愛哉？」

田子方第二十一

田子方侍坐於魏文侯，數稱谿工。數，音朔。下仝。文侯曰：「谿工，子之師邪？」子方曰：「非也，無擇子方名。之里人也；稱道數當，當，去聲。故無擇稱之。」文侯曰：「然則子無師邪？」子方曰：「有。」「子之師誰邪？」子方曰：「東郭順子。」文侯曰：「然則夫子何故未嘗稱之？」子方曰：「其爲人也真，人貌而天，虚緣虚己而因順乎物。而葆真，清清，介也。而容物。物無道，正容以悟之，不待言語。使人之意意，惡念也。也消。無擇何足以稱之？」子方出，文侯儻然，終日不言，召前臣立而語之曰：「遠矣，全德之君子。指順子。始吾以聖知之言、仁義之行爲至矣；吾聞子方之師，吾形解而不欲動，口鉗而不欲言。吾所學者，真土梗耳。夫魏魏國。真爲我累耳。」

温伯雪子適齊，舍于魯。魯人有請見之者，温伯雪子曰：「不可。吾聞中國之君子，明乎禮義而陋於知人心，吾不欲見也。」至於齊，反舍于魯，是人也又請見。溫伯雪子曰：「往也蘄見我，今也又蘄見我，是必有以振我也。」振，益也。出而見客，入而歎。明日見客，又入而歎。其僕曰：「每見之客也，必入而歎，何邪？」曰：「吾固告子矣：中國之民，明乎禮義而陋乎知人心。昔之見我者，進退一成規、一成矩，從容一若龍、一若虎。言其進退中度，從容機變也。其諫我也似子，其道我也似父，是以歎也。」仲尼見之而不言。子路曰：「吾子欲見溫伯雪子久矣，見之而不言，何邪？」仲尼曰：「若夫人者，目擊而道存矣，亦不可容聲矣。」

顏淵問于仲尼曰：「夫子步亦步，夫子趨亦趨，夫子馳亦馳，夫子奔逸絕塵，而回瞠若乎後矣。」夫子曰：「回，何謂邪？」曰：「夫子步，亦步也；夫子言，亦言也；夫子趨，亦趨也；夫子辯，亦辯也；夫子馳，亦馳也；夫子言道，回亦言道〔一〕也；及奔

〔一〕「回亦言道」下原衍「回亦言道」四字，據世德堂本刪。

逸絕塵，而回瞠若乎後者，夫子不言而信，不比 比，去聲。而周，無器 器，名器，爵位也。而民蹈 蹈，往從也。乎前，而不知所以然而已矣。」

仲尼曰：「惡，可不察與？ 言尚當察之于深也。夫哀莫大於心死，而人死亦次之。 心以載道，故莫哀于心死，而人死爲次也。日出東方而入于西極， 以日喻心。萬物莫不比方， 日出則萬類皆見。有目有趾者，待是而後成功， 人待日出而後事可爲。是出則存，是入則亡。 日出日入，一晝一夜，死生之道也。萬物亦然，有待也而死，有待也而生。 即萬物亦以爲死生，言日之所係重，喻心之所係重也。吾一受其成形，而不以化待盡， 人受形于天地，爲形所累，而不能順化以待終。效 逐也。物而動，日夜無隙， 日夜牿亡。而不知其所終；薰然其成形， 心死而形骸徒存。知命不能規乎其前丘， 前丘，謂前賢之高大者，規法也。言不能法前賢之知命。以是日徂。 與日俱往。吾終身與女交一臂而失之， 女，指心也。受形之初，原具此心；既有此形，便已牿亡。是纔交一臂而失之也。可不哀與？女殆著乎 女殆求我于步趨之顯著乎？吾所以著也。彼已盡矣， 吾之所以顯著者，蓋聲臭之已盡矣。而女求之以爲有， 女乃求之于有迹。是求馬于唐肆也。 塘上之肆，鬻馬之地，未嘗無馬，而不恒有馬。馬喻道，肆喻迹。吾服女也甚忘，忘，墮聰黜明，謂坐忘也。服，佩服也。女服吾也亦甚忘。雖然，女奚患焉？雖忘乎故吾，軀殼之吾。吾有不忘者存。」謂真吾也，心也。

孔子見老聃，老聃新沐，方將被髮而乾，慹慹，音執，又同讋。不動貌。然似非人。孔子便而待焉，少焉見，曰：「丘也眩與？其信然與？向者先生形體掘若槁木，似遺物離人而立於獨也。」老聃曰：「吾遊心於物之初。」未始有物之先。孔子曰：「何謂邪？」曰：「心困焉而不能知，口辟焉而不能言，嘗爲爲，去聲。女議乎其將：將，且然而未必之謂。至陰肅肅，慘殺之氣。至陽赫赫，明昌之氣。肅肅出乎天，陰根乎陽。赫赫發乎地；陽根乎陰。兩者交通成和陰陽交感成和。而物生焉，或爲之紀其亦或有爲之主張者。而莫見其形。消息滿虛，一晦一明，日改月化，日有所爲，而莫見其功。生有所萌，始也。死有所乎歸，始終相反乎無端，而莫知乎其所窮。非是是，指爲之紀者。也，且孰爲之宗？」孔子曰：「請問遊是。」遊心于爲之紀者。老聃曰：「夫得是，至美至樂也。得至美而遊乎至樂，謂之至人。」孔子曰：「願聞其方。」曰：「草食之獸不疾 惡也。 易藪，水生之蟲不疾易水，行小變 易藪、水。 而不失其大常 所食水草也。 也，喜怒哀樂不入於胸次。 謂人之不失大常者。 夫天下 天下之大常。 也者，萬物之所一 一，謂出于一原。 也。得其所一而同 混同于物。 焉，則四支百體將爲塵垢，而死生終始將爲晝夜，而莫之能滑， 惑亂也。 而況得喪禍福之所介乎？棄隸 隸，官爵也。 者若棄塗泥，知身貴于隸也，貴在于我而不失於變。且萬化而未始有極也，夫孰足以患心？已爲道者解乎此。」孔子曰：「夫子德配天地，而猶假至言以脩心。古之君子，孰能説 説，音脱。 焉？」 言不能離言論。 老聃曰：「不然。夫水之於汋 汋，音酌。澤物。 也，無爲而才自然矣。 無所作爲，而順其才之自然。 至人之於德也，不修而物不能離焉，若天之自高，地之自厚，日月之自明，夫何脩焉？」孔子出，以告顔回曰：「丘之於道也，其猶醯鷄與？微夫子之發我覆也，吾不知天地之大全也。」

莊子見魯哀公。哀公曰：「魯多儒士，少爲先生方 比也。 者。」莊子曰：「魯少儒。」哀公曰：「舉魯國而儒服，何謂少乎？」莊子曰：「周聞之：儒者冠圜冠者，知天時；履方屨者，知地形；緩佩玦者，事至而斷。君子有其道者，未必爲其服也；爲其服者，未必知其道也。公固以爲不然，何不號於中國曰：『無此道而爲此服者，死。』」於是哀公號之五日，而魯國無敢儒服者。獨有一丈夫，儒服而立乎公門，公即召而問以國事，千轉萬變而不窮。莊子曰：「以魯國而儒者一人耳，可謂多乎？」

百里奚爵禄不入於心，故飯牛而牛肥，使秦穆公忘其賤，與之政也。有虞氏死生不入於心，故足以動人。

宋元君將畫圖，衆史皆至，受受，命也。揖而立；舐筆和墨，在外者半。有一史後至者，儃儃儃，音但。舒閒也。然不趨，受揖不立，因之舍。公使人視之，〔一〕則解衣槃礴臝。裸仝。君曰：「可矣，是真畫者也。」

文王觀于臧，地名。見一丈夫釣，而其釣莫釣；似不釣也。非持

〔一〕「公使人視之」五字原脱，據世德堂本補。

其釣有釣者也，非持釣而有事于釣者也。常釣也。常托釣以自適也。文王欲舉而授之政，而恐大臣父兄之弗安也；欲終而釋之，而不忍百姓之無天也。於是旦而屬之大夫曰：「昔者寡人夢見良人，黑色而頔，乘駁馬而偏朱蹄，一蹄赤也。號曰：『寓而政於臧丈人，庶幾乎民有瘳乎？』」諸大夫蹵然曰：「先君王也。」文王曰：「然則卜之。」諸大夫曰：「先君之命，王其無他，又何卜焉？」遂迎臧丈人而授之政。典法無更，偏令無出。三年，文王觀於國，則列士壞植不立黨。散羣，不聚徒。長官者不成德，不利功名。斔斔、庾仝。六斛四斗曰斔。斛不敢入于四境。列士壞植散羣，則尚同也；長官者不成德，則同務也；斔斛不敢入於四竟，則諸侯無二心也。文王於是焉以爲大師，北面而問曰：「政可以及天下乎？」臧丈人昧然而不應，泛然而辭，朝令而夜遁，終身無聞。顔淵問于仲尼曰：「文王其猶未邪？德猶未至？又何以夢爲乎？」仲尼曰：「默，女無言。夫文王盡德至也。之也，而又何論刺焉？彼直以循斯須也。」但循人心于一時耳。

列御寇爲伯昏無人射，引之盈貫，弓滿也。措杯水其肘上，肘平直也。發之，適矢復沓，方矢復寓。發矢適去，而後矢復搭；搭矢纔去，而方來之矢又寓于弦上。言其神速。當是時，猶象人木偶人。也。伯昏無人曰：「是射之射，非不射之射也。嘗試也。與女登高山，履危石，臨百仞之淵，若能射乎？」於是無人遂登高山，履危石，臨百仞之淵，背逡巡，足二分垂在外，背偪高山，面臨深淵，逡巡退縮，而足半垂于虛處。言退不得後。揖御寇而進之。御寇伏地，汗流至踵。伯昏無人曰：「夫至人者，上闚青天，下潛黄泉，揮斥八極，神氣不變。今女怵然有恂目之志，志在以巧眩悦人目。爾於中也殆矣夫？」

肩吾問於孫叔敖曰：「子三爲令尹而不榮華，三去之而無憂色。吾始也疑子，今視子之鼻間栩栩然，鼻息栩栩，養之静也。子之用心獨奈何？」孫叔敖曰：「吾何以過人哉？吾以其其，指富貴。來不可卻也，其去不可止也，吾以爲得失之非我也，而無憂色而已矣。我何以過人哉？且不知其可貴者。在彼乎，其在我乎？其在彼邪，亡亡，無通。乎我；與我無預。在我邪，亡乎彼。與令尹無預。方將躊躇，方將四顧，高視自得之態。何暇知乎人貴人賤哉？」仲尼聞之，曰：「古之真人，知者不得說，非言之可窮。美人不得濫，色不能淫。盜人不得刧，伏戲、黄帝不得友。死生亦大矣，而無變乎己，況爵禄乎？若然者，其神經乎大山而無介，入乎淵泉而不濡，處卑細而不憊，充滿天地。既以與人，己愈有。」

楚王與凡國名。君坐，少焉，楚王左右曰「凡亡」者三。凡君曰：「凡之亡也，不足以喪吾存。夫凡之亡不足以喪吾存，則楚之存不足以存存。由是觀之，則凡未始亡，而楚未始存也。」

知北遊第二十二

知北遊於玄水之上，登隱弅弅，音分。之丘，而適遭無爲謂焉。知謂無爲謂曰：「予欲有問乎若：何思何慮則知道？何處何服事也。則安道？何從何道則得道？」三問而無爲謂不答也，非不答，不知答也。知不得問，反于白水之南，登狐闋之上，而睹狂屈焉。知以之是也。言問乎狂屈。狂屈曰：「唉。唉，音吾。應聲也。予知之，將語若。」中欲言，而忘其所欲言。知不得問，反于帝宮，見黄帝而問焉。黄帝曰：「無思無慮始知道，無處無服始安道，無從無道始得道。」知問黄帝曰：「我與若汝也。知之，彼無爲謂。與彼狂屈。不知也，其孰是邪？」黄帝曰：「彼無爲謂真是也，狂屈似之，我與汝不近也。夫知者不言，言者不知，故聖人行不言之教。道不可致，道者，無爲而自然，故不可致。德不可至。德，本人所自足，無至之可言。仁可爲也，仁是作爲出來的，即「杞柳桮棬」之説。義可虧也，義則分別是非，可不必也。禮相僞也。禮是虛文。故曰：『失道而後德，失德而後仁，失仁而後義，失義而後禮。禮者，道之華而亂之首也。』故曰：『爲道者日損，去華也。損之絶義。又損去仁。之，以至于無爲，無爲而無不爲也。』今已爲物也，有爲而杞柳已成桮棬了。欲復歸根，原復還杞柳。不亦難乎？其易也，其唯大人乎？生也死之徒，死也生之始，孰知其紀？紀，主張此者。人之生，氣之聚也；聚則爲生，散則爲死。若死生爲徒，知死生爲一氣。吾又何患？故萬物一也，是其所美者神奇，以生爲神奇而美之。其所惡者爲臭腐；以死爲臭腐而惡之。臭腐復化爲神奇，神奇復化爲臭腐。故曰：『通天下一氣耳。』聖人故貴一。」知謂黄帝曰：「吾問無爲謂，無爲謂不應我，非不我應，不知應我也。吾問狂屈，狂屈中欲告我而不我告，非不我告，中欲告而忘之也。今予問乎若，若知之，奚故不近？」黄帝曰：「彼其真是也，以其不知也；此其似之也，以其忘之也；予與若終不近也，以其知之也。」狂屈聞之，以黄帝爲知言。

天地有大美而不言，以美利利天下，而不言所利。四時有明法而不議，氣候有序，自然運行，無煩擬議。萬物有成理而不説。聖人者，原天地之美而達萬物之理，是故至人無爲，大聖不作，觀於天地之謂也。今彼天地。神明至精，與彼物。百化，物已死生方圓，死生萬變，方圓異象。莫知其根也，扁扁，音篇。然而萬物，扁，小也。言是根也，一氣化生，眇小之物有萬。自古以固存。六合爲巨，未離其内；秋毫爲小，待之成體。天下莫不沉浮，本乎天者親上，本乎地者親下。終身不故；光景常新。陰陽四時運行，各得其序。惛然若亡而存，油然不形而神，萬物畜而不知。此之謂本根，可以觀於天矣。

齧缺問道乎被衣，被衣曰：「若正汝形，一汝眎，天和將至；攝汝知，一汝度，神將來舍。德將爲汝美，道將爲汝居，汝瞳無知貌。焉如新生之犢而無求其故。」言未卒，齧缺睡寐。被衣大説，行歌而去之，曰：「形若槁木，心若死灰，真其寔知，真寔知道。不以故師弟故套。自持。媒媒媒，作昧。無所見。晦晦，無所明。無心彼已無心。而不可與謀。我無待言。彼何人哉？」

舜問乎丞曰：「道可得而有乎？」曰：「汝身非汝有也，汝何得有夫道？」舜曰：「吾身非吾有也，孰有之哉？」曰：「是天地之委形也；生非汝有，是天地之委和（二氣交和而後生物。）也；性命非汝有，是天地之委順也；孫子非汝有，是天地之委蜕（形形相生，代以禪代，如蟬蛇之蜕。）也。故行不知所往，處不知所持，食不知所味。天地之彊陽氣也，（皆天地健動之陽氣也。）又胡可得而有邪？」

孔子問于老聃曰：「今日晏閒，敢問至道。」老聃曰：「汝齊戒，疏瀹（淪仝。）而心，澡雪而精神，掊擊而知。夫道，窅然難言哉。將爲汝言其崖畧：（邊隅粗畧。）夫昭昭生於冥冥，有倫生於無形，精神生於道，形本生於精，（形質之粗，生于陰陽精氣。）而萬物以形相生，（而萬物又各形形相生。）故九竅者胎生，八竅者卵生。其來無迹，其往無崖，無門無房，四達之皇皇（通貌。）也。邀於此者，四枝（肢仝。）彊，思慮恂達，耳目聰明，其用心不勞，其應物無方。天不得不高，地不得不廣，日月不得不行，萬物不得不昌，此其道與？且夫博之不必知，辯之不必慧，聖人以（「已」通。）斷之矣。若夫益之而不加益，損之而不加損者，聖人之所保也。淵淵乎其若海，魏魏（無窮貌。）乎其終則復始也，運量萬物而不匱。則君子之道，彼其外與？萬物皆往資焉而不匱，萬物資乎道，道即在萬物，所謂外也。此其道與？中國有人人，至人也。焉，非陰非陽，超于二氣之外。處于天地之間，寓形宇内。直且爲人，但聊且爲人。將反于宗。宗，一氣之始。自本宗也。觀之，生者，喑醷喑醷，音蔭意。物也。喑醷，聚氣貌。生者氣之聚，如喑醷然。雖有壽夭，相去幾何？須臾之説也。人生須臾耳。奚足以爲堯、桀之是非？果木實。蓏蓏，音裸。草實。有理，人倫雖難，人道雖難與果蓏比。所以相齒。然相齒之序則無異。聖人遭之而不違，聖人于人道，隨時而順處。過之而不守。不沾滯。調和也。而應之，德也；偶無心。而應之，道也；帝之所興，王之所起也。人生天地之間，若白駒隙中光。之過郤，忽然而已。注氣之所注。然勃然，生也。莫不出焉；油然漻漻，音流。然，氣散貌。莫不入焉。反而歸。已化而生，又化而死，生物哀之，人類悲之。解其天弢，墮其天袠，弢，弓囊。袠，衣囊也。喻人之軀殼，死則解墮之也。紛乎宛乎，氣散之狀。魂魄將往，乃身從之，軀殼亦壞。乃大歸乎？不形之形，謂所形形者。形之不形，則此有形之身，必有所以形形而不形者在也。是人之所同知也，非將至之所務也，非學道將至者之所務。此衆人之所同論也。彼至者至道者。則不論，論則不至；一着言論，便非其至。明見無值，欲明見道，則與道不值。辯不若默。道不可聞，聞不若塞。此之謂大得。」

東郭子問于莊子曰：「所謂道，惡乎在？」莊子曰：「無所不在。」東郭子曰：「期指定所在。而後可。」莊子曰：「在螻蟻。」曰：「何其下邪？」曰：「在稊稗。」曰：「何其愈下邪？」曰：「在瓦甓。」曰：「何其愈甚邪？」曰：「在屎溺。」東郭子不應。莊子曰：「夫子之問也，固不及質。質，正也。言我不及正女。正獲之問於監市履狶也，每下愈況。正獲，市官之正者。監市，市小吏也。狶，豕也。正官不知物價，而問監市以履狶。亦問而愈下之意，故以爲證。況，比也。「每下愈況」是倒裝文法，猶云每比愈下。汝惟莫必，言女惟不必指定道在何處也。無逃乎物。道不離物，物物是道。至道若是，至道本是如此。大言亦然。言大道者亦然。周、徧、咸三者，異名同實，其指一也。譬之所云「周」、「徧」、「咸」三者，名雖異而其指寔一也。嘗相與遊乎無何有之宮，同合不分道器。而論，無所終窮乎？嘗相與無爲乎，澹而静乎，漠而清乎，調而閒乎？寥已吾志，無往焉而不知其所至，去而來不知其所止，止，留也。去來無所留戀。吾已往來焉而不知其所終；既無留戀，便無終窮。彷徨乎馮閎，虚廓之謂。大知入焉入于大道。而或無「而」字。不知其所窮。物物者道也。與物無際，際，邊際也。而物有際者，所謂物際者然而物固有際者，所謂物之際，而非道之際。也；不際之際，際之不際者也。若道則不際之際，雖欲際之而不可際也。謂盈虚衰殺，所謂際者。彼爲盈虚非盈虚，彼指道。道乃爲其盈虚者，非盈虚也。彼爲衰殺非衰殺，彼爲本末非本末，彼爲積散非積散也。八句猶云：道所以爲人者，非人也。

婀婀，音阿。荷甘與神農同學于老龍吉。神農隱几，闔户晝瞑。瞑，作眠。婀荷甘日中奓奓，音賖。開也。户而入，曰：「老龍死矣。」神農隱几擁杖而起，嚗嚗，音剥。然笑貌。放杖而笑，曰：「天指老龍。知予僻陋慢訑，故棄予而死已矣。夫子無所發予之狂狂，大也。言而死矣夫。」弇堈吊聞之，曰：「夫體道者，天下之君子所繫焉。今於道，謂神農之于道。秋毫之端萬分未得處一焉，而猶知藏其狂言而死，道不在言，藏言而死，所以爲道。今神農雖未造道，而猶能爲是言。又況夫體道者乎？視之無形，聽之無聲，於人之論者，謂之冥冥，若與人論道，而謂道爲冥冥，則是猶有冥冥之名，尚落言筌。所以論道，所以纔説論道。而非道也。」便已非道。

於是泰清問乎無窮，曰：「子知道乎？」無窮曰：「吾不知。」又問乎無爲。無爲曰：「吾知道。」曰：「子之知道，亦有數乎？」曰：「有。」曰：「其數若何？」無爲曰：「吾知道之可以貴，可以賤，可以約，可以散，此吾所以知道之數也。」泰清以之是也。言問乎無始，曰：「若是，則無窮之弗知，與無爲之知，孰是而孰非乎？」無始曰：「弗知深矣，知之淺矣；弗知内矣，知之外矣。」於是泰清中中，或作仰。而歎曰：「弗知乃知乎，知乃不知乎？孰知不知之知？」無始曰：「道不可聞，聞而非也；道不可見，見而非也；道不可言，言而非也。知形形之不形乎？道不當名。」無始曰：「有問道而應之者，不知道也。雖問道者，亦未聞道。道無問，無可問。問無應。無可應。無問而。問之，是問窮也；問必窮。無應而。應之，是無內也。中無主。以無內待問窮，若是者，外不觀乎宇宙，內不知乎大初。是以不過乎崑崙，不能凌崑崙而傍日月。不遊乎大虛。」不能御氣而遊太虛。

光曜問乎無有曰：「夫子有乎？其無有乎？」光曜不得問，而孰眂其狀貌，窅然空然，終日視之而不見，聽之而不聞，搏之而不得也。光曜曰：「至矣，其孰能至此乎？予能有無矣，而未能無無也；及爲無有矣，未能無無，則我已爲無字所有矣。何從至此哉？」何能至窅然空然哉？

大馬大司馬。之捶鍛。鉤劍。者，年八十矣，而不失毫芒。大馬曰：「子巧與？有道與？」曰：「臣有守也。臣之年二十而好捶鉤，於物他物。無視也，非鉤無察也。」是用之者技。假不用者神。也，是。以長得其用，而況乎無不用者道。乎？物孰不資焉？

冉求問於仲尼曰：「未有天地可知邪？」仲尼曰：「可。古猶今也。」古謂未有天地之先，今謂既有天地之後。冉求失問而退。明日復見，曰：「昔者吾問：『未有天地可知乎？』夫子曰：『可。古猶今也。』昔日吾昭然，今日吾昧然，敢問何謂也？」仲尼曰：「昔之昭然也，神者先受之；虛心以問，虛則神生，故先領會。今之昧然也，且又爲不神者求邪？添了見解，便多障礙，已不神矣，且又爲不神者而求其神耶？無古無今，無始無終。若能無古今終始之異，則至虛至神矣。而所謂未有天地而有天地者，猶夫未有子孫而有子孫也。何不可知之有？未有子孫而有子孫，可乎？」冉求未對。仲尼曰：「已矣，未應矣。言不必更對，以心會之可也。不以生生死，適去，順也，不更求所以生者以生其死。不以死死生。適來，時也，不滅生事以死其生。死生有待邪？若是，則死生豈待有所作爲邪？皆有所一體。其死其生，各成一體。猶云各有其道也。有先天地生者物邪？凡此生死，皆在有天地之後，所謂物也。其有生天生地者，豈同于物耶？物物者非物。此所以物物者，而非物也。物出不得先物也，一有物出，便屬後天，不得爲物之先矣。猶其有物也。同謂之物矣。猶作由。其有物也，由其已有物故也。無已。從此生生不已矣。聖人之愛人也終無已者，亦乃取於是者也。」亦取法于後天，而非先天之至道也。

顏淵問乎仲尼曰：「回嘗聞諸夫子曰：『無有所將，承奉也。

無有所迎。』邀致也。回敢問其遊。」問何以得遊心于無將無迎之境。仲尼曰：「古之人外化，不累于物。而内不化；不動心。今之人内化，而外不化。與物化者，一不化者也。其所以不爲物累者，其中有純一之真宰，不可累者存也。安化，安不化？惟純一也，安有所謂化與不化乎？安與之相靡？安有與物相靡而俱化者？必與之莫多。蓋必有與之常存者，止此一而不化者也。豨韋氏之囿，黄帝之圃，有虞氏之宫，湯武之室。囿圃宫室，各爲一家之意。君子之人，若儒墨者師，故以是非相齏也，而況今之人乎？聖人處物不傷物。不傷物者，物亦不能傷也。唯無所傷者，爲能與人相將迎。蓋將迎而非將迎也。山林與，皋壤與，言遊此地。使我欣欣然而樂與。樂未畢也，哀又繼之。哀樂之來，吾不能禦，其去弗能止。悲夫，世人直爲物逆旅耳。夫知遇但知今日之遇。而不知所不遇，不知他日之不遇。謂死也。知能能知能遊能樂。而不能所不能。不能知不能遊樂。無知無能者，謂死也。固人之所不免也。夫務免乎人之所不免者，豈不亦悲哉？至言去言，至爲去爲。齊知之所知，必欲齊其知之所知，而不任其所不知。則淺矣。」

卷三　南華經雜篇

庚桑楚第二十三

老聃之役，役，徒也。有庚桑楚者，偏獨也。得老聃之道，以北居畏壘之山，其臣之畫然知者去之，去其知。其妾之挈然仁者遠之；遠其仁。臃腫遲鈍貌。之與居，鞅掌叢脞貌。之爲使。居三年，畏壘大壤。治也。畏壘之民相與言曰：「庚桑子之始來，吾灑然異之。今吾日計計其功。之而不足，歲計之而有餘。庶幾其聖人乎？子胡不相與尸而祝之，社而稷之乎？」庚桑子聞之，南面而不釋然。弟子異之。庚桑子曰：「弟子何異于予？夫春氣發而百草生，正得秋而萬寶成。夫春與秋，豈無得而然哉？大道已行矣。吾聞至人，尸居環堵之室，而百姓猖狂率自然之性。不知如所往。今以畏壘之細民，而竊竊焉欲俎豆予于賢人之間，我其杓爲人所操持者。之人邪？吾是以不釋然于老聃之言。」弟子曰：「不然。夫尋常之溝，巨魚無所還 全旋。其體，而鯢鰌爲之制；專制其中。步仞之丘陵，巨獸無所隱其軀，而蘖 蘖，音孽。狐爲之祥。以小丘爲善。且夫尊賢授能，先善與利，賢能之善，先尊授之，以利天下。自古堯舜以然，而況畏壘之民乎？夫子亦聽矣。」聽其俎豆可矣。庚桑子曰：「小子來。夫函車之獸，介 獨也。而離山，則不免於罔罟之患；吞舟之魚，碭 碭，音宕。而失水，則蟻能苦之。故鳥獸不厭高，魚鱉不厭深。夫全其形生之人，藏其身也，不厭深眇而已矣。且夫二子者，堯、舜。又何足以稱揚哉？是其於辯也，將妄鑿垣墻而殖蓬蒿也。將妄生穿鑿，而繁其穢雜。簡髮而櫛，數 數，上聲。米而炊，喻所爲之散亂鄙屑。竊竊乎又何足以濟世哉？舉賢則民相軋，任知則民相盜。之數物者，不足以厚民。民之於利甚勤，子有殺父，臣有殺君，正晝爲盜，日中穴阫。阫，音裴。墻也。吾語女，大亂之本，必生於堯舜之間，其末存乎千世之後。千世之後，其必有人與人相食者也。」南榮趎 趎，音疇。蹵然正坐曰：「若趎之年者已長矣，將惡乎托業以及此言邪？」庚桑子曰：「全女形，抱女生，無使女思慮營營。若此三年，則可以及此言也。」南榮趎曰：「目之與形，吾不知其異異于人。也，而盲者不能自見；耳之與形，吾不知其異也，而聾者不能自聞；心之與形，吾不知其異也，而狂者不能自得。形之與形亦辟近也。矣，而物物慾。或間之邪？欲相求而不能相得。欲以心求心而不能得。今謂趎曰：『全女形，抱女生，勿使女思慮營營。』趎勉聞道達耳矣。」庶幾黽勉得聞夫子之道，但僅達于耳，而未融于心。庚桑子曰：「辭盡矣。我教子之言盡矣。曰奔小也。蜂不能化藿蠋，蠋，音蜀。蠋，大青蟲也。越鷄小鷄。不能伏鵠作鶴。卵，魯鷄大鷄。固能矣。鷄之與鷄，其德非不同也，有能與不能者，其才固有巨小也。今吾才小，不足以化子。子胡不南見老子？」南榮趎贏糧，七日七夜至老子之所。老子曰：「子自楚之所來乎？」南榮趎曰：「唯。」老子曰：「子何與人偕來之衆也？」早知其挾三言而來，故爲隱語。南榮趎懼然顧其後。不解隱語。老子曰：「子不知吾所謂乎？」南榮趎俯而慚，仰而嘆，曰：「今者吾忘吾答，因失吾問。」老子曰：「何謂也？」南榮趎曰：「不知乎？人謂我朱愚。猶顓愚。知乎？反愁我軀。不仁則害人，仁則反愁我身；不義則傷彼，義則反愁我己。我安逃此而可？此三言者，趎之所患也，願因楚而問之。」老子曰：「向吾見若眉睫之間，吾因以得女矣，今女又言而信之。若女也。規規然若喪父母，失所天也。揭竿而求諸海也。以短見而測深廣。汝亡人哉，失其性情之人。惘惘乎。女欲反女情性而無由入，可憐哉。」南榮趎請入就舍，召其所好，去其所惡，十日自愁，復見老子。老子曰：「汝自灑濯，孰哉洗濯身心之功熟哉否也？鬱鬱乎？氣盛貌。然而其中津津乎猶有惡也。求所好，求道也；去所惡，去累也。猶有惡，物累未盡去也。夫外韄韄，音獲。者韄，以皮束物之名。外韄，謂事障也。不可繁而捉，捉，持也。煩擾而不可捉持。將內揵；揵，音蹇。鍵仝，鎖閉之意。內將有所閉而不達。內韄謂理障。者不可繆而捉，錯繆而不可捉持。將外揵；則外有所閉而執滯。外內韄者，道德不能持，而況放道而行者乎？」南榮趎曰：「里人有病，里人問之，病者能言其病然，其病病者病病者，猶形形者之謂。猶未病也。病而能言其病，其病病者尚未病也。若趎之聞大道，譬猶飲藥以加病也，言若趎之愚，則聞道而益疑，如飲藥而加病也。趎願聞衛生之經而已矣。」無望于聞大道。老子曰：「衛生之經，能抱一乎？魂魄抱一能不離也。能勿失乎？能無卜筮而知吉凶乎？能止乎？知止。能已乎？知足。能舍諸人而求諸己乎？能翛然乎？無累。能侗然乎？無知。能兒子乎？兒子終日嗥而嗌喉也。不嗄，嗄，或本作嚘。啞仝。和之至也；氣和。終日握而手不掜，掜，音藝。共其德也；德，性也。性一而不分。終日視而目不瞚，瞚，音瞬。目動。偏精有所移。不在外也。精不移于外。行不知所之，居不知所爲，與物委蛇，而同其波。三句言其無心。是衛生之經已。」南榮趎曰：「然則是至人之德已乎？」曰：「非也。是乃所謂冰解凍釋者。言未渾化。夫至人者，相與交食乎地而交樂乎天，不以人物利害相攖，不相與爲怪，不相與爲謀，不相與爲事，翛然而往，侗然而來。是謂衛生之經已。」曰：「然則是至乎？」曰：「未也。吾固告汝曰：『能兒子乎？』兒子動不知所爲，行不知所之，身若槁木之枝而心若死灰。若是者，禍亦不至，福亦不來。禍福無有，惡有人災也？」

宇泰定者，發乎天光。猶「定生慧」之意。發乎天光者，人見其人，人見其爲人，而不知其天。物見其物〔一〕。人有脩者，乃今有恒；人有脩此泰定而至于天者，則可久。有恒者，人舍之，不離人羣。天助之。人之所舍，謂之天民；天之所助，謂之天子。

學者，學其所不能學也；行者，行其所不能行也；辯者，辯其所不能辯也。此皆知之爲患也。知止乎其不能知，至矣。若能止乎其不能知，則無爲而至矣。若有不即是者，天鈞敗之。若不安于所不知，而妄欲有爲，則失天理之自然而敗矣。

備物以將養也。形，藏不虞以生心，恐有不虞而生戒心。敬中以達彼，以我中之敬，而達于彼人。若是而萬惡至者，皆天也，而非人此天命而非人事。也，不足以滑成，不足以滑亂我一成不毀之性。不可內內，作納。於靈臺。內，入也。靈臺，心也。靈臺者，有持而不知其所持，而不可持者也。心者，人之神明，固有可自持。然既謂之神明，則無形無體，而不知其所持而不可持者矣。不見其誠己而發，不誠乎己，而妄有所發。每發而不當，當，去

〔一〕「物見其物」四字原闕，據世德堂本補。

聲。業入而不舍，每更爲失。業已入乎不誠而不改去，爲多而失愈多。爲不善乎顯明之中者，人得而誅之；爲不善於幽閒之中者，鬼得而誅之。明乎人、明乎鬼者，然後能獨行。獨脩于人所不見之地。券内者，行求合于心者。行乎無名；不求名。券外者，志乎期費。費，用也。與世貿貿。行乎無名者，唯庸有光；一味平常，而自有光曜。志乎期費者，唯賈人也，人見其跂，猶之魁然。跂，高意。人見其高，猶以爲傑出。與物窮者，物入焉；不知與物若窮者，不與物逐，而物皆在我度内。與物且者，苟且逐物者。其身之不能容，焉能容人？不能容人者無親，無親者盡人。衆叛。兵莫憯於志，鏌鋣爲下；寇莫大于陰陽，無所逃於天地之間。凡寇可逃，若陰陽爲患，則無所逃。非陰陽賊之，心則使之也。然非陰陽害之，實由人心失其和平，則其熱焦火，其寒凝冰，而陰陽之氣得以乘之，是心使之也。

道通，道本無成毁，通而爲一。其分也，其成也毁也。唯不通而分之，所以成毁有異名也。所惡乎分者，其分也以備；成毁，即死生。所惡乎分死生者，蓋以既分生死，則方生而恐不長生，未死而恐其速死，則强爲之備。所以惡乎備者，其有以備。故出而不反，見其鬼；唯强爲之備，則反失其道之自備于我者，故于生之出而不反于自然，則雖生而猶夫死而見鬼也。出而得，是謂得死。滅而有實，如出而能得乎生之本無生，則雖死而爲得其死，雖形滅而神寔存。鬼之一也。觀于滅而不滅之故，則雖死而歸，與生而存何曾有二哉？以有形者象無形者而定矣。此不必別求，即于有形而求其無形者，則吾心有定見矣。出無本，物之生而出也，無有本根。入無竅。其死而歸也，無孔竅之可藏。有寔而無乎處，然寔有所以主張其出入者，第無形而不見其處耳。有長而無乎本剽，剽，標同。物之生而長也，似乎有標本，而不見其標本。有所出而無竅者有實。有所生出而入無竅者，寔有其故。「有長」二句，詞意重複，不可拘以文理也。有實而無乎處者，宇也；其寔充周乎上下四方。有長而無本剽者，宙也。其生長不息于往古來今。有乎生，有乎死，有乎出，有乎入，入出而無見其形，是謂天門。天門者，無有也，萬物出乎無有。有不能以有爲有，從無有而有焉，然不能以有爲常常有者也。必出乎無有，終必歸于無有。而無有一無有。併其所謂無有者而悉無有之。聖人藏乎是。

古之人，其知有所至矣。惡乎至？有以爲未始有物者，至矣，盡矣，弗可以加矣。其次以爲有物矣，將以生爲喪喪失在外。也，以

死爲反也，是以分矣。至是而渾淪之體判。**其次曰始無有，既而有生，生俄而死；以無有爲首，以生爲體，以死爲尻；孰知有無死生之一守者，吾與之爲友。是三者**曰無、曰有、曰「始無而既有之」三者。**雖異，公族也。**三者雖不同，而未離乎宗，譬如楚之公族。**昭、景也，**昭氏、景氏。**著戴也；**戴，任也。或以任職著。**甲氏也，著封也，**或以封邑著。**非一也。**三者雖非一而寔一也。**有生，黬**黬，音闇。**也，**黬，鍋底灰氣偶聚而成靨。人之有生，亦如之。**披然曰移是。**忽然披散，則是成黬之理，又移而之他矣。**嘗**試也。**言移是，非所言也。**試言移是，則雖移而此是之理常存，非所謂移也。**雖然，不可知者也。**然而聚散亦不可知。**臘者之有膍**膍，音皮。牛百葉。**胲，**胲，音該。牛足指肉。**可散而不可散也；**譬如臘祭者用牛，散而爲膍爲胲之異名，然總是一牛而不可散也。**觀室者周於寢廟，又適其偃**屏厠也。**焉，**一室而分爲寢廟與偃，然合之而仍一室。**爲是舉移是。**是舉皆移是之説也。**請嘗言移是：**移是更有一説，請試言之。**是以生爲本，以知爲師，因以乘是非；**因而乘之以是非。**果有名實，**遂有名實。**因以己爲質，**因而以我之所爲爲正。**使人以己爲節，**欲使人以我爲節度。**因以死償節。**如伯夷、比干。**若然**

者，以用爲知，以不用爲愚，以徹通也。爲名，以窮爲辱。此又移其所是以爲非者也。移是，〔一〕今之人也，是蜩與鷽鳩同于同也。二蟲同是無知，而此人又同之也。

蹍蹍，音碾。市人之足，則辭以放驁，踏市人之足，則必謝過曰無禮。兄則以嫗，兄踏弟足，則嫗拊摩之而已，不謝過也。大親則已矣。若父母踏子足，併不用拊摩。故曰：至禮有不人，質任自然，無分人物。至義不物，不待裁制乎物，自然合宜。至知不謀，〔二〕至仁無親，無所不愛。至信辟去也。金。不用金玉爲質。徹去也。志之勃，亂。解心之謬，去德之累，達道之塞。貴富顯嚴名利六者，勃志也；容動色理文理。氣意六者，謬心也；惡欲喜怒哀樂六者，累德也；去就取予知能六者，塞道也。此四六者不盪胸中則正，正則靜，靜則明，明則虚，虚則無爲而無不爲也。道者，德之欽也；生者，德之光也；性者，生之質也。性

〔一〕「移是」二字原闕，據世德堂本補。

〔二〕「至知不謀」四字原闕，據世德堂本補。

之動謂之爲，爲之僞有人爲之僞。謂之失。知者，接也；知者，謨也；知與心相接而生謀。知者之所不知，猶睨也。若真知則不知，如赤子睨物而不起分別。動以不得已之謂德，動無非我之謂治，動而有我，謂之有爲之治。名相反而寔相順也。知與動，名與無爲相反。然不知之知，不得已之動，與無爲實相順也。

羿工乎中微，而拙乎使人無已譽；拙于逃名。聖人工乎天，而拙乎人。夫工乎天而俍俍，音良。乎人者，全天道而能自晦于人者。唯全人能之。唯蟲蟲，無知者。能蟲，唯無知識者，能無知。唯蟲能天。唯無知，故能全其天。全人惡天，然全人且惡有全天之名。惡人之天，惡人有天人之分。而況吾天乎人乎？況我而自分天人乎？一雀適羿，羿必得之，威也；雀亦畏其威。以天下爲之籠，則雀無所逃。是故湯以胞胞，作庖。人籠伊尹，秦穆公以五羊之皮籠百里奚。是故非以其所好籠之而可得者，無有也。介者拸拸，音侈。畫，介，刖者。拸，去。畫，文飾也。外非譽也；其足既刖，拸去文飾，心忘外譽也。胥靡刑徒之人。登高而不懼，遺死生也。夫復謵復謵，當作服習。不餽而忘人，夫常人之情，多服習小節。今不媿而忘人，是無人之情矣。忘人，因以爲天人矣。故敬之而不喜，侮之而不怒者，唯同乎天和者爲然。出怒不怒，因可怒而怒之，雖怒猶不怒也。則怒出於不怒矣；出爲無爲，則爲出於無爲矣。因可爲而爲之，雖爲亦無爲也。欲静則平氣，欲神則順心，有爲也欲當，則緣於不得已，欲當其所爲，則必待不得已而後爲。不得已之類，聖人之道。不得已者，似乎聖人之道。

徐無鬼第二十四

徐無鬼因女商見魏武侯，武侯勞 勞，去聲。後仝。 之曰：「先生病矣。苦於山林之勞，勞，如字。 顧乃肯見於寡人。」徐無鬼曰：「我則勞於君，君有何勞於我？君將盈耆欲，長好惡，則性命之情病矣；君將黜耆欲，掔 掔，音牽。引去也。 好惡，則耳目病矣。我將勞君，君有何勞於我？」武侯超然不對。少焉，徐無鬼曰：「嘗語君：吾相狗也，下之質，執飽而止，得飽而足。 是狸德也；謂貪如狸也。 中之質，若視日；仰首蒿目，若有所思，則神已專。 上之質，若亡其一。一，身也。精神不動，如無其身，如木鷄之謂。 吾相狗，又不若吾相馬也。吾相馬，直者中繩，曲者中鉤，方者中矩，圓者中規。是國馬也，而未若天下馬也。天下馬有成材，不須教習。 若卹若失，其狀若有所恤、有所失，不發揚也。 若喪其一，若喪其身，不止忘也。 若是者，超軼絶塵，不知其所。」武侯大說而笑。徐無鬼出，女商曰：「先生獨何以說吾君乎？吾所以説吾君者，横説之則以《詩》、《書》、《禮》、《樂》，從説之則以《金板》、金匱之書。《六弢》，奉事而大有功者不可爲數，而吾君未嘗啓齒。今先生何以説吾君？使吾君説若此乎？」徐無鬼曰：「吾直告之吾相狗馬耳。」女商曰：「若是乎？」曰：「子不聞夫越之流人流徙之人。乎？去國數日，見其所知舊相知者。而喜；去國旬月，見其所嘗見於國中者而喜；不待相知者也。及期年也，見似人者似其鄉人。而喜矣。不亦去人滋久、思人滋深乎？夫逃虚空者，藜藋柱塞也。乎鼪鼬鼪鼬，音生由。之逕，踉位其空，行處虚空之地。聞人足音跫然人行聲。而喜矣，而況乎昆弟親戚之謦欬其側者乎？久矣夫。莫以真人之言謦謦，音磬。欬吾君之側乎？」

徐無鬼見武侯，武侯曰：「先生居山林，食芧栗，厭葱韭，以賓擯。寡人，久矣夫。今老邪？其欲干酒肉之味邪？其寡人亦有社稷之福邪？」徐無鬼曰：「無鬼生於貧賤，未嘗敢飲食君之酒肉，將來勞君也。」君曰：「何哉，奚勞寡人？」曰：「勞君之神與形。」武侯曰：「何謂邪？」徐無鬼曰：「天地之養也一，天地之養人，無貴賤，皆一也。登高不可以爲長，居下不可以爲短。君獨爲萬乘之主，以苦一國之民，以養耳目鼻口，形也。夫神者不自許也。所養者形，其于神不與也。夫神者，好和而惡姦。夫姦，病也，聲色臭味之姦，皆足病神。故勞之。故當慰勞其神。唯君所病之，何也？」然人皆不病神，而君獨病，何也？武侯曰：「欲見先生久矣。吾欲愛民而爲義偃兵，其可乎？」徐無鬼曰：「不可。愛民，害民之始也；爲義偃兵，造兵之本也。君自此爲之，則殆不成。凡成美，惡器也。君雖爲仁義，幾且僞哉。有心之僞。形固造形，形固有造形者，無形則無造矣。成固有伐，成固有人伐之，無成則無伐矣。伐者，忌之之意。變固外戰。內有變更，則外有爭戰。君亦必無盛鶴列陳兵也。於麗譙樓觀之名。之間，無徒步卒。冀于錙壇之宮，冀，騎兵。錙壇之宮，社稷之地也。「形固」以下五句，俱喻言不可以有心撓亂其清靜也。無藏逆于得，外爲仁義以要人，思爲富強也。無以巧勝人，無以謀勝人，無以戰勝人。夫殺人之士民，兼人之土地，以養吾私與吾神者，其戰不知孰善？外即戰勝，而我形神已受內戰之傷，故曰不知孰善也。勝之惡乎在？外勝而內已傷，勝安在哉？君若勿已矣，勿已，猶無已，必欲偃之而弗止也。脩胸中之誠，則莫若脩我心之誠。以應天地之情而勿攖。夫民死已脱矣，君將惡用夫偃兵哉？」

黄帝將見大隗隗，危上聲。乎具茨之山，方明爲御，昌寓寓，音宇。驂乘，張若、謵謵，音習。朋前馬，昆閽、滑稽後車。至於襄城之野，七聖皆迷，無所問塗。適遇牧馬童子，問塗焉，曰：「若知具茨之山乎？」曰：「然。」「若知大隗之所存乎？」曰：「然。」黄帝曰：「異哉，小童。非徒知具茨之山，又知大隗之所存。請問爲天下。」小童曰：「夫爲天下者，亦若此指牧馬。而已矣，又奚事焉？予少而自遊於六合之内，方内。予適有瞀瞀，音茂。病，有長者教予曰：『若乘日之車方升未艾之日車。而遊於襄城之野。』今予病少痊，予又且復遊於六合之外。方外。夫爲天下亦若此而已。予又奚事焉？」黄帝曰：「夫爲天下者，則誠非吾子方外之人。之事。雖然，請問〔一〕爲天下。」小童辭。黄帝又問。小童曰：「夫爲天下

〔一〕「問」字原闕，據世德堂本補。

者，亦奚以異乎牧馬者哉？嚙艸飲水，任其自然。亦去其害馬者而已矣。」絡之、編之、羈馽之類。黄帝再拜稽首，稱天師而退。

知士無思慮之變則不樂，辯士無談説之序則不樂，察士無凌誶誶，音歲。之事則不樂，察察之士，喜凌轢訕誚人。皆囿於物者也。招世之士興朝，招摇于世以自見者，興起于朝廷之上。中民之士務求得民心者。榮官，以官爲榮。筋力之士有力者。矜難，以舉人所難舉者自矜。勇敢之士奮患，自奮于憂患之中。兵革之士樂戰，枯槁之士宿名，以得名爲止。法律之士廣治，流廣治世之具。禮樂之士敬容，肅其儀容。仁義之士貴際。貴于際時行道。農夫無草萊之士謂闢草萊者。則不比，比，比附也。商賈無市井之士講利者。則不比。庶人有旦暮之業恒業。則勸，百工有器械之巧則壯。精神王也。錢財不積則貪者憂，權勢不尤則夸者悲。勢物之徒樂變，勢利之徒，以盛衰變其去就。遭時有所用，遭世之用我。不能無爲也。此皆順此皆順時而動。比於歲，不物於易者也。此比于歲功，四時變易，而元氣不隨物變。馳其形性，潛之萬物，彼外馳其形，内馳其性，汩溺于萬物之中。終身不反，悲夫。

莊子曰：「射者非前期而中，謂之善射，天下皆羿也，善射者，必期于的而中之。若不前期而隨中他處者，亦謂之善射，則是舉世皆羿也。可乎？」惠子曰：「可。」莊子曰：「天下非有公是也，而各是其所是，天下皆堯也，可乎？」惠子曰：「可。」莊子曰：「然則儒、墨、楊、楊朱也。秉公孫龍名。四，與夫子爲五，果孰是邪？或者若魯遽遽，音渠。者邪？其弟子曰：『我得夫子之道矣。吾能冬爨鼎而夏造履。冰矣。』魯遽曰：『是直以陽召陽，冬至陽生，故喜熱。以陰召陰，夏至陰生，故喜冷。非吾所謂道也。吾示子乎吾道。』于是乎爲之調瑟，廢置也。一於堂，置一瑟于堂，使一人調之。廢一於室，又置一瑟于室，使一人調之。鼓宮吾從而命之曰鼓宮。宮動，則兩處宮絃皆動。鼓角角動，音律同矣。是兩處之音律同矣。夫或改調一弦，於五音無當合。也，鼓之，兩處鼓之。二十五弦皆動，未始異于聲，兩處同無當之聲。而音之君已。君，柱也。音出于柱。此不過兩處之移柱同耳，非有他奇巧也，而乃自以爲是。且若是者邪？」若者，其果是耶？惠子曰：「今夫儒、墨、楊、秉，且方與我以辯，相拂以辭，相鎮壓。以聲，而未始我非也，則奚若矣？」莊子刖子而完、鈃鐘，譏惠子之恕于己而求備于人。

求遠子而不出域，譏其不能深造而執辯，必有失也。

夜半與舟人鬬，譏其與人相辯，無濟而徒取怨也。

曰：「齊人蹢 蹢，音直。 子於宋者， 蹢，刖也。齊人刖其子，而爲宋之閽人。 其命閽也不以完， 蓋以使爲閽者，例不以完人也。 其求鈃 鈃，音刑。鼎。 鐘也以束縛， 恐其破壞而束縛之。 其求唐子也 唐、蕩通。遠遊之子。 而未始出域，有遺類矣。 終亦必失之類也。 夫楚人寄而蹢閽者， 楚人有蹢足而寄跡爲閽者。 夜半於無人之時 逃歸。 而與舟人鬬，未始離於岑 離，至。岑，岸也。 而足以造於怨也。」 渡既不得，而適以取怨于人也。

莊子送葬，過惠子之墓，顧謂從者曰：「郢人堊 白土。 漫 汙也。 其鼻端，若蠅翼，使匠石斲之。 匠石運斤成風，聽而斲之，盡堊而鼻不傷，郢人立不失容。 宋元君聞之，召匠石曰：『嘗試爲寡人爲之。』 匠石曰：『臣則嘗能斲之。 雖然，臣之質死久矣。』 質，大約如「的」字義，謂所待以見其巧者。郢人已死，更無有爲之「的」者矣。 自夫子 惠子。 之死也，吾無以爲質矣，吾無與言之矣。」

管仲有病，桓公問之曰：「仲父之病病矣，可不謂云。 至於大病， 死也。 則寡人惡乎屬國而可？」 管仲曰：「公誰欲與？」 公曰：「鮑叔牙。」 曰：「不可。 其爲人，廉潔善士也，其於不己若者不比之，又一聞人之過，終身不忘。使之治國，上且鉤乎君，上邀君之聲譽。下且逆乎民。下強民以所難。其得罪於君也，將弗久矣。」公曰：「然則孰可？」對曰：「勿已，則隰朋可。其爲人也，上忘而下畔，不鉤君，不逆民。愧不若黄〔一〕帝，不自尊。而哀不己若者。矜不能。以德分人謂之聖，以財分人謂之賢。以賢臨人，未有得人者也；以賢下人，未有不得人者也。其於國有不聞也，其於家有不見也。無聞見于國、家，不求聲譽也。勿已，則隰朋可。」

吴王浮於江，登乎狙之山。衆狙見之，恂然棄而走，逃於深蓁。有一狙焉，委蛇攫搸，搸，音搔。便捷之狀。見巧乎吴王。王射之，敏疾射之。給搏捷矢。狙來搏其疾射者亦甚給。王命相者趨射之，狙執死。狙見執而死。顧謂其友顔不疑曰：「之狙也，伐其巧，恃其便以敖敖，去聲。予，以至此殛也。戒之哉。嗟乎，無以汝色驕人哉。」顔不疑歸而師董梧，以鋤其色，去樂辭顯，三年而國人稱之。

〔一〕「黄」，原作「皇」，據世德堂本改。

南伯子綦隱几而坐，仰天而噓。顏成子入見曰：「夫子，物之尤也。形固可使若槁骸，心固可使若死灰乎？」曰：「吾嘗居山穴之中矣。當是時也，田禾齊君也。一覩我，而齊國之衆三賀之。賀其得賢。我必先之，我必先有以自見。彼故知之；我必賣之，彼故鬻之。若我而不有之，彼惡得而知之？若我而不賣之，彼惡得而鬻之？嗟乎，我悲人之自喪者，狗名而喪寔者。吾又悲夫悲人者，悲人之喪而不知自悲其喪者，我又悲之。吾又悲夫悲人之悲者，悲人之喪，不自悲其喪而又爲人所悲者，我又悲之。其後而日遠矣。」自此之後，所以自遠而不爲物累，安得不槁形灰心？

仲尼之楚，楚王觴之，孫叔敖執爵而立，市南宜僚受酒而祭，曰：「古之人乎，於此言已。」古人于飲酒，每每以言陳善納誨。曰：「丘也聞不言之言矣，未之嘗言，未嘗語人。于此乎言之。市南宜僚弄丸而兩家之難解，孫叔敖甘寢秉羽而郢人投兵。丘願有喙三尺。」市南宜僚善弄丸。僚善弄丸鈴，常八箇在空中，一箇在手。楚與宋戰，宜僚披胸受刃，于軍前弄丸，一軍注目停戰，遂勝之。孫叔爲楚莊王令尹，願安寢恬臥，養德于廟堂之上，折衝于千里之外，郢人投兵，無攻伐也。二子皆不言而成事者。此一段，文理不順。又敖在孔子前，僚在孔子後，皆不同時，而云云者，蓋莊生假托之以自言其意耳。「有喙三尺」云者，言願有此長喙而後言。然人安得有長喙？是願終無言者也。彼之謂不道之道，敖、僚之所爲，是謂不道之道。此之謂不言之辯。仲尼之不言，是謂不言之辯。故德總乎道之所一，德雖有不同，而總歸于道之自然。而言休乎知之所不知，言不待言，必止乎知之所不知也。至矣。道之所一者，德不能同也。蓋失道而後德，故道雖一而德不能同。知之所不能知者，辯不能舉也。名若儒墨而凶矣。彼儒與墨，同不能同，舉不能舉，而各自名家，禍天下矣。故海不辭東流，大之至也。聖人并包天地，澤及天下，而不知其誰氏。天下不知誰之所爲。是故生無爵，死無謚，寔不聚，名不立，此之謂大人。狗不以善吠爲良，人不以善言爲賢，而況爲大乎？況可許之爲大人乎？夫爲大有心爲大。不足以爲大，而況爲德乎？夫大備矣，莫若天地，然奚求焉而大備矣？然天地豈求爲大，而自然備矣。知大備者，無求，不假外求。無失，無所遺失。無棄，無所舍置。不以物易己也。反己而不窮，反之于身而自足。循古而不摩，磨仝。大人之誠。此真大人。

子綦有八子，陳諸前，召九方歅歅，音因。曰：「爲我相吾子，孰爲祥？」九方歅曰：「梱子綦子名。也爲祥。」子綦瞿然喜曰：「奚若？」曰：「梱也，將與國君同食以終其身。」子綦索然出涕曰：「吾子何爲以至於是極也？」九方歅曰：「夫與國君同食，澤及三族，而況於父母乎？今夫子聞之而泣，是禦福也。子則祥矣，父則不祥。」子綦曰：「歅，汝何足以識之？而梱祥邪？盡於酒肉入於鼻口矣，而汝也。何足以知其所自來？吾未嘗爲牧而牂羊也。生于奧，未嘗好田而鶉生於宎，宎，音要。此皆非應得者，乃怪也。若勿怪，何邪？吾所與吾子指梱。遊者，遊於天地，與天地爲徒，不遊于世俗禍福之内。吾與之邀樂於天，吾與之邀食於地；吾不與之爲事，不與之爲謀，不與之爲恠。吾與之乘天地之誠，而不以物與之相攖；吾與之一委蛇，而不與之爲事所宜。不見其有宜人之事。今也然有世俗之償焉，今也有世俗之福償之。謂與國君同食也。凡有怪徵者，無端而得世俗之福，恠徵也。必有怪行，殆乎。非我與吾子之罪，幾天與之也。吾以是泣也。」無幾何而使梱之於燕，盜得之于道，全而鬻之則難，不若刖之則易，于是刖而鬻之於齊，適當渠公之街，然身食肉而終。

齧缺遇許由，曰：「子將奚之？」曰：「將逃堯。」曰：「奚謂邪？」曰：「夫堯畜畜然仁，吾恐其爲天下笑。後世其人與人相食與？夫民不難聚也，愛之則親，利之則至，譽之則勸，致其所惡則散。愛利出乎仁義，捐仁義者寡，利仁義者衆。夫仁義之行，唯且無誠，（唯假之以爲招徠之具，而無寔心。）且假夫禽貪者器。（譬之貪禽之人，而復假之網罟罾弋之器具。）是以一人之斷制利天下，（是以一人操刀，削制物料，以利天下。）譬之猶一覕也。（覕，同瞥，暫見也。猶云一時好看耳。）夫堯知賢人之利天下也，而不知其賊天下也。夫惟外乎賢（高于出賢人之上。）者知之矣。」有暖（暖，音烜。）姝者，（柔妖貌。）有濡需者，（偷安須臾。）有卷（卷，音拳。）婁者。（拘攣貌。）所謂暖姝者，學一先生之言，則暖暖姝姝而私自説也，自以爲足矣，而未知未始有物也，（胸無寔得。）是以謂暖姝者也。濡需者，豕蝨是也，擇疏鬣自以爲廣宮大囿，奎蹄曲限，乳間股脚，自以爲安室利處。不知屠者之一旦鼓臂布草操烟火，而已與豕俱焦也。此以域進，此以域退，（此即人之自托于富貴之域以爲榮，亦即與富貴同歸于盡。此其所謂濡需者也。卷婁者，舜也。羊肉不慕蟻，蟻慕羊肉，羊肉羶也。舜有羶行，百姓悦之，故三徙成都，至鄧之墟而十有萬家。堯聞舜之賢，舉之童土之地，無草木之地，僻陋之處也。曰：「冀得來之澤。」冀得方來之澤，以保我子孫黎民。舜舉乎童土之地，年齒長矣，聰明衰矣，而不得休歸，所謂卷婁者也。是以神人惡衆至，人歸。衆至則不比，情不一則難和同。不比則不利也。故無所甚親，無所甚疎，故莫若無甚親疎。抱德煬和以順天，此謂真人。於蟻棄知，于蟻，則棄其慕羶之知。於魚得計，于魚之忘于江湖，則得計矣。於羊棄意。以美行悦人，亦羊之羶意也。棄之，則無羶行。以目視目，目忘色。以耳聽耳，耳忘聲。以心復心。心忘知識。若然者，其平也繩，繩，法也。自然而平，爲天下法。其變也循。其應變循乎理之自然。

古之真人，以天待之，居無事以待有事也。不以人入天。不以私意雜自然之天。古之真人，得之也生，失之也死；當生而生，當死而死。得之也死，失之也生。當死而死，當生而生。藥也，譬諸藥也。其實堇也，烏頭。桔梗也，鷄癰也，芡也。豕零也，豬苓。是時爲帝者也，帝，君也。

藥按君臣，言此四藥，按時爲君。**何可勝言？**四者之外，不可勝言，以喻生死之各有其時，當順受也。

句踐也，以甲楯三千棲於會稽，唯種也能知亡之所以存，唯種也不知其身之所以愁。文種能知越之可存而佐之，不能知己身之後見殺。**故曰：鴟目有所適，**鴟目能夜見，而不能晝眎，用各有適也。**鶴脛有所節，解**斷也。**之也悲。故曰：風之過河也有損焉，日之過河也有損焉，只風與日相與守河，而河以爲未始其攖也，恃源而往者也。**言風日皆能燥損河流，然與河相守而河未始有損者，恃有其源也。**故水之守土也審，影之守人也審，物之守物也審。**物各以氣數相守。守，依也。審，定也。言此理相依，一定而不移也。**故目之於明也殆，耳之於聰也殆，心之於殉也殆，**殉名也。**凡能**能，謂明聰殉。有能，則狥外。**其於府也殆，**狥外，則殆我之靈府，而不能審定。**殆之成也不給**及也。**改。禍之長也滋萃，其反也緣功，**欲反殆爲審，必循積漸之功。**其果也待久。**若果有功，亦必待久。總言其難也。**而人以爲己寶，**而人以其能爲貴。**不亦悲乎？故有亡國僇民無已，**言不止危殆一身，甚有亡國僇民者。**不知問是也。**問，講求之意。言其不知講求于是也。

大方，廣而不禦也。大信，如四時之不爽。

故足之於地也踐，雖踐，恃其所不蹍而後善博也；蹍，亦踐也。言足之能雖在踐，然必有主張其踐者，所謂不踐之踐也。恃此故能踐地之廣博。**人之知也少，雖少，恃其所不知而後知天之所謂也。**人之所知甚少，然恃有不知之知，故能知極天。**知大一，**一氣之初。**知大陰，**至静無名。**知大目，**分天分地。**知大均，**同萬物。**知大方，知大信，知大定，**以止衆止。**至矣。**此言其立體。**大一通之，**心通。**大陰解**神解。**之，大目視**視以爲法。**之，大均緣**因物付物。**之，大方體之，大信稽之，**察其運行。**大定持之。盡有天，**人事盡而天理見。**循有照，**循其自然，而吉凶灼見。**冥有樞，**無思無慮，而自有主宰。**始有彼。**無物之始，必有物生。**則其解之也似不解之者，其知之也似不知之也，不知而後知之。其問之也，**問此造化之理。**不可以有崖，而不可以無崖。頡滑**不可捉摸。**有寔，**然寔有此理。**古今不代，**只此一理，別無更代。**而不可以虧，則可不謂有大揚搉乎？闔**盍仝。**不亦問是已？奚惑然爲？以不惑解惑，復於不惑，是尚大不惑。**「其問之也」以下，又爲下乘人説法。蓋問是求之外者，與不知而知、不解而解者天淵矣。又説此理大可宣揚揮搉，盍不問是？而究不能有所揚搉。其謂以不惑解惑，可

復于不惑，而至于大不惑，則是到底要他以無心之知，解有心之惑，而自悟耳。蓋道終不可問，不可揚搉也。

則陽第二十五

則陽遊於楚，夷節言之于王，王未之見，夷節歸。彭陽即則陽姓名。見王果曰：「夫子何不譚我於王？」王果曰：「我不若公閱休。」彭陽曰：「公閱休奚爲者邪？」曰：「冬則擉擉，捉、觸二音。鼈於江，夏則休乎山樊。有過而問者，曰：『此予宅也。』」夫夷節已不能，夷節已不能及。而況我乎？吾又不若夷節。夫夷節之爲人也，無德而有知，有干進之知。不自許，不以氣節自許。以之神其交，竭心神以交于勢利。固顛冥顛倒昏迷。乎富貴之地，非相助以德，相助消也。損友也。夫凍者假衣於春，暍暍，音謁。者反冬乎冷風。言凍必假衣，然春至則衣非所宜矣；暑必求風，然冬至則風非所宜矣；人必資友，然勢利之人非其所資矣。夫楚王之爲人也，形尊而嚴，其於罪也無赦如虎，非佞人正德，才辯正德之人。其孰能橈之？故聖人，其窮也，使家人忘其貧；其達也，使王公忘爵祿而化卑。其於物也，與之爲娛矣；物無猜忌。其於人也，樂道之通引之使通達。而保己仍不失己。焉。故或不言而飲人以和，與人並立而使人化。父子之宜，彼其音記。乎歸居，而一閒閒，仝嫺。其所施。至于父子之宜，彼其歸而家居之時，又能使一家之人嫺習其所施之化。其於人心者，其于有勢利之心者。若是其遠也。故曰待公閲休。」如前所云，唯公閲休爲然，必待之以見王。此王果譏諷則陽也。

聖人達綢繆，綢繆，事理轇轕處，唯聖人爲能達之。周盡一體矣，合天下爲一體。而不知其然，性也。性之也。復命盡性以至于命。摇作而以天爲師，摇，動也。動作以天爲師。人則從而命之也。人則從而名之爲聖人。憂乎知，凡人以私知多憂。而所行恒無幾憂者萬端，而所行恒無幾。時，其有止也，時命尼之。若之何？亦將如之何哉？生而美者，人與之鑑，人識其美。不告則不知其美於人也。然使人不告之曰「尔美」，則此美者不自知其見美于人也。若知之，若不知之，若聞之，若不聞之，雖美者，若知若不知，若聞若不聞。其可喜也終無已，然其自喜也，終無已。人之好之亦無已，性也。此美是天生的。聖人之愛人也，人與之名，不告則不知其愛人見愛于人。也。若知之，若不知之，若聞之，若不聞之，其愛人也此喻人除去沾染，復其覺性，回首迷途之樂。

終無已，人之安之亦無已，性也。

舊國舊都，望之暢然。雖使丘陵草木之緡，入之者十九，猶之暢然。言遠望故國，便有喜心。雖丘陵草木莽蒼迷離，猶且暢悦也。況見見聞聞者也，況得至其地，而見所見、聞所聞也。以十仞之臺縣衆間者也？此如以十仞之臺，懸衆樂而間作之，其暢遂更甚。

冉相氏古聖王。得其環中，以隨成與物，以隨萬物而與之成就。無終無始，無幾期也。無時。日與物化者，一不化者也，有一不化者爲之主宰。闔盍仝。嘗舍舍，上聲。之？夫師天而不得師天，有心法天者，便不能法天。與物皆殉，終以身殉物而已。其以爲事也，若之何？其勞勞于有爲者，如何耶？夫聖人未始有天，若夫聖人，則即聖即天，而未始有天。未始有人，未始有始，未始有物，與世偕行而不替，原不廢事。所行之備而不洫，洫，深也。深求也。其合之也，若之何？其合天者，如何耶？湯得其司御門尹登恒爲之傅之，從師而不囿，得其隨成。爲之司其名，之名嬴法，得其兩見。仲尼之盡慮，爲之傅之。容成氏曰：「除日無歲，無内無外。」此段文義難通，諸家之解亦甚牽強，不敢從也。

魏瑩與田侯牟約，田侯牟背之。魏瑩怒，將使人刺之。犀首聞而恥之，曰：「君爲萬乘之君也，而以匹夫從讎。衍請受甲二十萬，爲君攻之，虜其人民，係其牛馬，使其君內熱發於背，然後拔其國；忌 畏。 也 而。 出走，然後抶 抶，音秩。擊。 其背，折其脊。」季子聞而恥之，曰：「築十仞之城，城者既十仞矣，則又壞之，此胥靡之所苦也。今兵不起七年矣，此王之基也。衍，亂人，不可聽也。」華子聞而醜之，曰：「善言伐齊者，亂人也；善言勿伐者，亦亂人也；謂伐之與不伐亂人也者，又亂人也。」君曰：「然則若何？」曰：「君求其道而已矣。」惠子聞之，而見戴晉人。戴晉人曰：「有所謂蝸者，君知之乎？」曰：「然。」「有國于蝸之左角者曰觸氏，有國于蝸之右角者曰蠻氏，時相與爭地而戰，伏尸數萬，逐北旬有五日而後反。」君曰：「噫，其虛言與？」曰：「臣請爲君實之。君以意在四方上下有窮乎？」君曰：「無窮。」曰：「知遊心於無窮，而反在于通達之國， 通達之國，謂人跡可到，九州之內也。 若存若亡乎？」 言九州在無窮中甚藐小也。 君曰：「然。」曰：「通達之中有魏，魏在九州之内甚藐小。於魏中有梁，於梁中有王。王與蠻氏有辯乎？」君曰：「無辯。」客出而君惝然若有亡也。客出，惠子見。君曰：「客，大人也，聖人不足以當之。」惠子曰：「夫吹管也，猶有嗃嗃，音澗。也；嗃，聲也。管孔小，故吹之有聲。吹劍首者，吷吷，音血。而已矣。劍首之環孔大，吹之則吷而已，言無聲也。堯舜，人之所譽也；道堯舜于戴晉人之前，譬猶一吷也。」

孔子之楚，舍於蟻丘之漿。賣漿之家。其隣有夫妻臣妾登極者，夫婦並爲人臣妾，而與人乘屋者。子路曰：「是稯稯稯，音總。紛紛也。何爲者邪？」仲尼曰：「是聖人僕也。聖人而爲人僕者。是自埋於民，自藏于畔。其聲銷，其聲名雖去。其志無窮，其口雖言，其心未嘗言。方且與世違，而心不屑與之俱。是陸沈沈埋于世，隱也。者也，是其市南宜僚邪？」市南之流亞。子路請往召之。孔子曰：「已矣。彼知丘之著著，知之也。於己也，知丘之適楚也，以丘爲必使楚王之召己也，彼且以丘爲佞人也。夫若然者，其於佞人也，羞聞其言，而況親見其身乎？而何以爲存？」言其必先去也。子路往視之，其室虛矣。

長梧封人問子牢曰：「君爲政焉勿鹵莽，治民焉勿滅裂。昔予爲禾，畊而鹵莽之，則其實亦鹵莽而報予；芸而滅裂之，其實亦滅裂而報予。予來年變齊，齊，仝劑，種法也。深其畊而熟耰之，其禾繁以滋，予終年厭飧。」莊子聞之曰：「今人之治其形，理其心，多有似封人之所謂，遁其天，離其性，滅其情，亡其神，以衆爲。故鹵莽其性者，欲惡之孽，爲性萑葦蒹葭，萑葦蒹葭，喻荒穢龐雜。言以欲惡之孽，荒穢龐雜其性也。始萌以扶吾形，其始萌也，似乎助我之形。尋擢吾性；旋忽之間，斯賊我性。並潰漏發，于是上潰下漏。不擇所出，漂疽疥癰，内熱溲膏是也。」百疾俱作，不可捄藥。

柏矩學于老聃，曰：「請之天下遊。」老聃曰：「已矣。天下猶是也。」又請之，老聃曰：「汝將何始？」曰：「始于齊。」至齊，見辜人焉，推而強之，解朝服而幕之，號天而哭之，曰：「子乎，子乎。天下有大菑，子獨先離之。曰莫爲盜，莫爲殺人。莫不爲殺人乎？榮辱立，然後覩所病；因上有章服刑罰之設，而後下有罪人而見所病也。貨財聚，然後睹所爭。今立人之所病，聚人之所爭，窮困人之身使無休時，欲無至此，得乎？古之君人者，以得爲在民，以失爲在己；以正爲在民，以枉爲在己。躬自厚而薄責于人。故一形有失其形者，退而自責。今則不然，匿爲物而愚不識，深匿其所爲之事，以愚其所不識者。大爲難而罪不敢，以大難爲之事責人，而罪所不敢爲者。重爲任而罰不勝，遠其塗而誅不至。民知力竭，則以僞繼之，日出多僞，在上者。士民安取不僞？夫力不足則僞，知不足則欺，財不足則盜。盜竊之行，於誰責而可乎？」言當責之上也。

蘧伯玉行年六十而六十化，未嘗不始於是之，而卒詘之以非也。始自是而卒悔其非。未知今之所謂是之非五十九非也。萬物有乎生而莫見其根，有乎出而莫見其門。人皆尊其知之所知，而莫知恃其知之所不知，可不謂大疑乎？已乎，已乎，且無所逃。前所云不知之知，即所云形形而物物者也。根也，門也，誰能離此不知者，而顧尊其所知乎？此所謂然與，然乎？

仲尼問於太史大弢、伯常騫、狶韋曰：「夫衛靈公飲酒湛樂，不聽國家之政，田獵畢弋，不應諸侯之際。交際也。其所以爲諡。靈公者何邪？」大弢曰：「是因是也。」此亦因國人之皆謂宜諡此而諡之。伯常騫曰：「夫靈公有妻三人，同濫而浴。史鰌奉御而進所，搏幣而扶翼。濫，浴器。同器而浴也。史魚當奉御而進于其所，乃以帛翼而蔽之，恐見其媟褻也。其慢若彼之甚也，謂濫浴。見賢人若此其肅也，謂幣翼。是其所以爲靈公也。」狶韋曰：「夫靈公也，死，卜葬于故墓不吉，卜葬于沙丘而吉。掘之數仞，得石槨焉，洗而眎之，有銘焉，曰：『不馮其子，言子孫不足憑藉。靈公奪而里作埋。之。』夫靈公之爲靈也久矣，言已預定于銘矣。之二人何足以識之？」此段大意，言人之爲惡亦天定。

少知問于大公調曰：「何謂丘里五邑爲丘，五隣爲里。之言？」大公調曰：「丘里者，合十姓百名而以爲風俗也，合異以爲同，十姓百名，各異而合之同一風俗。散同以爲異。同一風俗而散之，則十姓百名。今指馬之百體而不得馬，譬之馬散爲百體，便不得爲馬。而馬係於前者，然即百體，而馬如係于前者。立其百體而謂之馬也。以合其百體，而仍可謂之馬也。是故丘山積卑而爲高，江河合水而爲大，大人合并而爲公。大人之言，合天下之異同，而後爲天下之公言。是以自外入者，聽人之言。有主而不執；中卻有主而不執己見。由中出者，言出于己。有正而不距。自然的當，而無心以逆人。四時殊氣，天不賜，故歲成；天不以爲功。五官殊職，君不私，故國治；文武殊材〔一〕，大人不賜，故德備；萬物殊理，道不私，故無名。無名故無爲，無爲而無不爲。時有終始，世有變化，禍福淳淳，至有所拂者而有所宜；禍福淳淳，然倚伏無常，有相反而相宜者，如塞翁失馬之類。自殉殊面，有所正者有所差。自以己之面爲正，則面面各殊，有正必有差矣。比于大澤，百材皆度；觀乎大山，木石同壇。此之謂丘里之言。」此一段言大人之言無同異之見，亦齊是非之意。少知曰：「然則謂之道，足乎？」言此同異合一者，足謂之道乎？大公調曰：「不然。今計物之數，不止於萬，而期曰萬物者，以數之多者號而讀之也。是故天地者，形之大者也；陰陽者，氣之大者也；道者爲之公。天地陰陽，皆體此道，是道爲之公也。因其大以號名之曰道。而讀之則

〔一〕「殊材」二字原闕，據世德堂本補。

可也，其寔道無名相。已有之矣，今已有異同之名矣。乃將得比哉？豈得比之于道？則若以斯辯，譬猶狗馬，其不及遠矣。」少知曰：「四方之內，六合之裏，萬物之所生惡起？」從何而起？大公調曰：「陰陽相照，相蓋相治；四時相代，相生相殺。欲惡去就，于是橋突也。起；雌雄片作判。合，于是庸有。庸，常也。安危相易，禍福相生，緩急相摩，聚散以成。此名實之可紀，精精，微也。之可志也。隨序之相理，循序不亂。橋運之相使，橋，環也，氣化環運，若或使之。窮則反，終則始，此物之所有。言之所盡，知之所至，極物而已。此不過盡物之情狀而已。覩道之人，不隨其所廢，衰即盛之機。不原其所起，終即始之理。此議之所止。」此道無論說之可言也。少知曰：「季真之莫爲，凡事無主宰。接子之或使，有主宰。二家之議，孰正正，當也。於其情，孰偏於其理？」大公調曰：「鷄鳴狗吠，是人之所知。雖有大知，不能言讀其所自化，又不能以意其所將爲。若以言言道，譬如鷄鳴狗吠，人所易知而不知道者。雖有大知，不能言其所自化，不能意度其所將爲。所將爲，即莫之爲而爲也。斯而析之，于此精求。精至於無倫，大至於不可圍。莫破、莫載之意。或之使，莫之爲，二子之説。未免於物未免皆有所着。而終以爲過。終有失也。或使則實，莫爲則虛。且也有主則實，無主則虛。有名有寔，有主無主，皆有箇名，皆有箇實矣。是物之居；是即着也。無名無實，在物之虛。若説無名無寔，又墮空虛。可言可意，若道而可言可意，則言而愈遠。言而愈疏。未生不可忌，未生不能禁其生。已死不可阻。死生非遠也，死生一理。理不可睹。或之使，莫之爲，疑之所假。説既兩端，便生是非，而爲疑之所托。吾觀之本，始也。其往無窮；吾求之末，終也。其來無止。無窮無止，〔一〕言之無也，與物同理；言無可言，乃與有物無物同其理也。或使莫爲，言之本也，有或使莫爲之名，則言從此生。與物終始。只是與物相終始也。道不可有，既未離物，則是有也，道可有乎？有不可無。然既有矣，便不能無。道之爲名，所假而行。要之道之爲名，亦是假托。或使莫爲，在物之曲，夫胡爲于大方？二説是有物之一偏，焉得謂之大方之道？言而不言而足，終日言而盡道；然言亦無妨，言而足于道，則言言是道。

〔一〕「無窮無止」四字原闕，據世德堂本補。

足，則終日言而盡物。盡爲形跡之粗。道物之極，言默不足以載；精粗之極致，又非言與不言之故。非言非默，議有所極。」非言非默之中，至道存焉。

外物第二十六

外物不可必，故龍逄誅，比干戮，箕子狂，惡來死，桀、紂亡。人主莫不欲其臣之忠，而忠未必信，故伍員流於江，萇弘死於蜀，藏其血，三年而化爲碧。人親莫不欲其子之孝，而孝未必愛，故孝己憂而曾參悲。

木與木相摩則然，金與火相守則流。陰陽錯行，則天地大絯，絯，音該，又音駭，義仝。絯，纏束也。天地之氣鬱結纏束。於是乎有雷有霆，水中有火，乃焚大槐。有甚憂兩陷而無所逃，人心之所以不得逍遙者，以利害二者陷之。螴蜳螴蜳，音陳敦。不安定貌。不得成，不得成其自然。心若縣於天地之間，心不安定則摇摇如懸物。慰鬱。暋悶。沈深。屯，難。皆鬱結之意。利害相摩，生火甚多，衆人焚和，陰陽之氣鬱積，則火出水中而焚槐；利害之心鬱積，亦生出火來，煎熬和氣。月心之静而明如月，心之動而炎則火。固不足以勝火，静明不勝炎動，火燃則水竭也。於是乎有僓僓，音頹。然衰髮狀。而道生生之道。盡。

莊周家貧，故往貸粟于監河侯。監河侯曰：「我將得邑金，采邑所收稅金。將貸子三百金，可乎？」莊周忿然作色曰：「周昨來，有中道而呼者。周顧視車轍中，有鮒魚焉。周問之曰：『鮒魚來。子何爲者邪？』對曰：『我，東海之波臣也。君豈有斗升之水而活我哉？』周曰：『諾。我且南遊吳越之王，激西江之水而迎子，可乎？』鮒魚忿然作色曰：『吾失吾常與，我無所處。吾得斗升之水然活耳，君乃言此，曾不如索我於枯魚之肆。』」此段言養生者，安于隨分而殆于過求。

任公子爲大鉤巨緇，五十犗犗，音界。犗，犍牛也。以爲餌，蹲乎會稽，投竿東海，旦旦而釣，期年不得魚。已而大魚食之，牽巨鉤，錎錎，音陷。没而下，鶩揚而奮鬐，白波若山，海水震蕩，聲侔鬼神，憚赫千里。任公子得若魚，離而腊之，自制作浙。河以東，蒼梧以北，莫不厭若魚者。已而後世輇輇，音銓，義仝。才銓量人才。諷説之徒，皆驚而相告也。夫揭竿累，累，小繩。趨灌瀆，灌溉之小瀆。守鯢鮒，小魚。其於得大魚難矣。飾小説以干縣縣，平聲。令，進言之賞格。其於大達亦遠矣。是以未嘗聞任氏之風俗，其不可與經於世亦遠矣。此段言經世者，志于大成而不期近功。

儒以《詩》、《禮》發冢，儒者剽竊《詩》、《禮》以恣其邪説，譬如奸人之發塚。大儒臚傳曰：「東方作矣。事暗指發冢。之若何？」小儒曰：「未解裾襦，口中有珠。」「口中珠」指《詩》、《禮》之言，蓋隱語也。「《詩》固有之曰：『青青之麥，生於陵陂。生不布施，死何含珠爲？』接其鬢，壓其顪，顪，音誨。顪，頤下也。儒以金椎控其頤，徐别其頰，無傷口中珠。」

老萊子之弟子出薪，遇仲尼，反以告，曰：「有人于彼，脩上身長。上而趨下，下身短。末僂背微僂。而後耳，耳帖腦後。視若營四海，其蒿目而視，若有經營天下之意。不知其誰氏之子？」老萊子曰：「是丘也。召而來。」仲尼至。曰：「丘，去汝躬矜矜持。與汝容知，從容之知。斯爲君子矣。」仲尼揖而退，蹙然改容而問曰：「業可得進乎？」老萊子曰：「夫不忍一世之傷，而驁然萬世之患。驁然犯萬世之患。抑固窶邪？豈因貧窶而至此邪？亡其畧弗及邪？抑失其知畧而不及慮此耶？惠以歡爲驁，欲以恩惠邀人之歡，而遂驁然不顧。終身之醜，醜行。中民之行進焉耳，行猶進于是。相引以名，相結以隱。此不過欲引己名譽，結人腹心。與其譽堯而非桀，不如兩忘而閉其所譽。反 欲反世于治。無非傷也，動 欲鼓動天下。無非邪也。聖人躊躇 不得已之貌。以興事，以每成功。奈何哉其載 強任。焉終矜爾？」

宋元君夜半而夢人披髮闚阿門，曰：「予自宰路 淵水名。之淵，從此而來。予爲清江 江神。使河伯之所，漁者余且得予。」元君覺，使人占之，曰：「此神龜也。」君曰：「漁者有余且乎？」左右曰：「有。」君曰：「令余且會朝。」明日，余且朝。君曰：「漁何得？」對曰：「且之網得白龜焉，其圜五尺。」君曰：「獻若之龜。」龜至，君再欲殺之，再欲活之，心疑，卜之，曰：「殺龜以卜，吉。」乃刳龜，七十二鑽而無遺筴。仲尼曰：「神龜能見夢於元君，而不能避余且之網；能知七十二鑽而無遺筴，不能避刳腸之患。如是，則知有所困，神有所不及也。雖有至知，萬人謀之。至知能納羣策，故衆人爲之謀。魚不畏網，網大而無知識，而受魚者寬，故魚不知避，而網之得魚多。而畏鵜鶘。鵜鶘有知識，而不容魚，故魚畏避而得魚少。去小知而大知明，去善無善之可見。而自善矣。嬰兒生，無石當作所。師而能言，與能言者處也。」

惠子謂莊子曰：「子言無用。」莊子曰：「知無用，而始可與言用矣。夫天地非不廣且大也，人之所用容足耳，然則廁置也。足而墊掘也。之致至。黄泉，人尚有用乎？」惠子曰：「無用。」莊子曰：「然則無用之爲用也亦明矣。」

莊子曰：「人有能遊，遊，與世相遊也。且得不遊乎？人而不能遊，且得遊乎？此言與世相處亦要因時。夫流遁之志，若夫流遁其志，因俗爲卑。決絶之行，決絶其行而離世爲高。噫，其非至知厚德之任與？俱非至知厚德之士。覆墜而不反，蓋決絶有覆墜不反之弊。火馳而不顧，流遁有火馳不顧之失。是與爲君臣，時也，二者各自貴而相賤于一時。易世而無以相賤。易世論定，均非所貴。故曰：至人不留行焉。不偏執一行。夫尊古而卑今，學者之流也。俗學之流。且狶韋氏之流觀今之世，夫孰能不波？世趨而下。唯至人乃能遊於世而不僻，順人而不失己。彼教不學，承意不彼。」彼世教者雖不屑屑焉學之，然亦順承其意，而不以彼哉外之也。

目徹徹，謂不爲外物所壅。爲明，耳徹爲聰，鼻徹爲顫，口徹爲甘，心徹爲知，知徹爲德。凡道不欲壅，壅則哽，哽而不止則跈，跈，足陷泥淖。跈則衆害生。物之有知者恃息，恃此生息之理。其不殷，殷，盛也。生息之理，日夜必盛，物欲塞之，則衰而不盛。非天之罪。天之穿亦徹意。之，日夜無降，日夜之所息，原無間斷。人則顧塞其竇。人以物欲自窒其空靈耳。胞有重閬，心有天遊。胞，腹中也；閬，空曠也。其中空曠，則心清浄，而與太虛遊衍。室無空虛，則婦姑勃磎；譬如室之逼窄，則婦姑雜處而易致激戾。心無天遊，則六鑿六賊也。相攘。擾攘也。大林丘山之善於人也，亦神者不勝。正如人見大林丘山之虛静而以爲善者，亦以心神不勝擾攘而思得少憩耳。德溢乎名，德因聲名遂至浮泛。名溢乎暴，名之泛溢因乎表暴。謀稽乎誸，誸，音弦。稽，留也；誸，急也。謀之不行，以其太急。知出乎争，彼此争勝，人各用知。柴生乎守，胸中柴塞，因其固執不化。官事果乎衆宜。果，成也。公事之成，以衆情之所宜也。春雨日時，春日下雨之時。草木怒生，銚鎒農器。於是乎始脩，草木之到植更生也。者過半益多也。而不知其然。

静然可以補病，眥㨛時時閉目不眎。可以休老，寧可以止遽。神氣寧静，可止急遽。雖然，若是者，勞之務也，皆勞而後求息之務也。非佚者之所未嘗過而問焉。若佚者本未嘗勞，何用求息？聖人之所以駴與駭同。天下，神人未嘗過而問焉；賢人所以駭世，聖人未嘗過問焉；君子所以駴國，賢人未嘗過而問焉；小人所以合時，君子未嘗過而問焉。

演門宋城門名。有親死者，以善毁哭泣之哀而毁形。爵爲官師，以孝而賞之。其黨人毁而死者半。堯與許由天下，許由逃之；湯與務光，務光怒之；紀他聞之，帥弟子而踆于窾水，亦學爲隱，冀人讓以天下。諸侯弔之。但弔其苦而已。三年，申徒狄因以踣河。聞務赴淵，亦踣河死。

筌者所以在魚，得魚而忘筌；蹄兔罝。者所以在兔，得兔而忘蹄；言者所以在意，得意而忘言。吾安得夫忘言之人而與之言哉？

寓言第二十七

寓言十九，寄寓之言，十居其九。重言借重之言。十七，卮言日出，有味之言，日日出之。和以天倪。寓言十九，藉外論之。藉外物以論之。親父不爲其子媒，親父譽之，不若非其父者也。非吾罪也，則寓言非我之罪。人之罪也：不信我者之罪。與己同則應，不與己同則反；同于己爲是之，異於己爲非之。重言十七，所以已言也，是非莫定，故我借重古人之言，以止其是非也。是爲耆艾。此所以謂後生小子取正于耆艾之老者也。年先矣，而無經緯本末以期年耆者，是非先也。然年雖先輩而無經緯本末者，是又非先輩也。人而無以先人，無人道也；人而無人道，是之謂陳人。不過謂之陳久之人，非先輩也。卮言日出，和以天倪，因以曼衍，所以窮年。不言則齊，是非不一，唯無言則一。齊與言不齊，欲齊之而形諸言，便已不齊。言與齊不齊。以不齊之言而論齊之理，則又不齊矣。故曰無言。言無言，終身言，未嘗言；終身不言，未嘗不言。有自也而可，有自也而不可；有自也而然，有自也而不然。天下之可不可、然不然，皆有自也。惡乎然？我無然。然於然。然於物之所然。惡乎不然？不然於不然。惡乎可？可於可。惡乎不可？不可於不可。物固有所然，蓋物本來有然。物固有所可，無物不然，無物不可。非卮言日出，和以天倪，孰得其久？萬物皆種也，以不同種類不同。形相禪，始卒若環，莫得其倫，然皆從無始以來，形形相禪，始終循環無端，莫可得而比倫。是謂天均。氣聚而生，氣散而死。物物皆然，是謂天均。天均者，天倪也。

莊子謂惠子曰：「孔子行年六十而六十化，始時所是，卒而非之。未知今之所謂是之非五十九非也？」惠子曰：「孔子勤志服知也。」行其所知。莊子曰：「孔子謝之矣，孔子謝去此事，知行已化。而其未之嘗言。此不足以言之。孔子云：『夫受才乎大本，天也。復靈以生。復此靈覺之性以有生。鳴而當律，言而當法，利義陳乎前，而好惡是非各當其宜。直服人之口而已矣。此以言教，但足以服人之口而已。使人乃以心服，而不敢蘁立，蘁，逆也。由孔子之言觀之，則是仲尼不但取言教，必使人心服而不敢逆也。定天下之定。』」天下本有定理，而孔子則定天下之定也。已乎，道止于此。已乎，吾且不得及彼指孔子。乎。」

曾子再仕而心再化，化，謂哀樂之變。曰：「吾及親仕，三釜而心樂；後仕，三千鍾而不洎，不能及親。吾心悲。」弟子問于仲尼曰：「若參者，可謂無所縣其罪乎？」可謂無係戀之罪者乎？曰：「既已縣矣。言參既有三釜、三千鍾之見，則已係戀于祿矣。夫無所縣者，可以無哀乎？哀樂不入其心。彼指無係戀者。視三釜三千鍾，如鸛雀蚊虻相過乎前也。」

顏成子游謂東郭子綦曰：「自吾聞子之言，一年而野，復于樸。二年而從，順適。三年而通，同物我。四年而物，槁木死灰。五年而來，道具于我。六年而鬼入，鬼神來舍。七年而天成，八年而不知死、不知生，九年而大玅。」即老子所云「玄之又玄」。「生有爲死也勸公，勸公，大同也。生而有，死而無，異也。然生有寔爲死無大同之理。以其死也有自也；而生陽也，無自也。而果然乎？死由乎生，則生由乎死，皆有自也。若謂死有自而生無自也，其果然乎？惡乎其所適，惡乎其所不適？是則死生一理，豈以生而適，死而不適乎？ 天有曆數， 日月星辰相歷之數。 地有人據， 據人所見聞，如《禹貢》等書。 吾惡乎求之？ 二者不足盡天地之理，惡用求之？ 莫知其所終，若之何其無命 謂主宰。 也？莫知其所始，若之何其有命也？有以相應也， 時至氣應。 若之何其無鬼神邪？無以相應也， 有時善未必福，惡未必禍。 若之何其有鬼神邪？」

衆罔兩問於景曰：「若向也俯而今也仰，向也括 挽髮。 而今也被髮，向也坐而今也起，向也行而今也止，何也？」 景曰：「叟叟也， 指衆罔兩。 奚稍問也？予有 予之俯仰皆有待。 謂形體也。 而不知其所以。予，蜩甲也，蛇蜕也，似之而非也。 景雖似蜩甲、蛇蜕，然甲蜕一離，不復聯屬，形景則離合有時。 火與日，吾屯也； 火與日照，則景屯聚。 陰與夜， 無日火。 吾代也。 代之而去。 彼， 形。 吾所以有待邪？而況乎以有待者乎？ 造化又爲形之所待。 彼 形。 來則我與之來，彼往則我與之往，彼強陽 健動也。 則我與之強陽。 強陽者又何以有問乎？」 此爲強陽者，乃造化之自然，又何可以問乎？

陽子居 即楊朱。 南之沛，老聃西遊於秦，邀於郊，至於梁而遇老子。老子中道仰天而歎曰：「始以汝爲可教，今不可也。」陽子居不答。至舍，進盥漱巾櫛，脱屨户外，膝行而前，曰：「向者弟子欲請夫子，夫子行不閒，是以不敢。今閒矣，請問其故。」老子曰：「而睢睢盱盱，仰目、張目，皆傲狀。而誰與居？人畏而疎之。大白若辱，白，明也。明于道之人，若有所恥而自下。盛德若不足。」不自滿也。陽子蹵然變容曰：「敬聞命矣。」其往也，舍者迎將，其家公主人公。執席，妻執巾櫛，舍者避席，煬者避竈。皆畏之也。其反也，舍者與之争席相狎相忘。矣。

南華經雜篇

讓王

堯以天下讓許由，許由不受。又讓於子州支父，父，音甫。子州支父曰：「以我爲天子，猶之可也。雖然，我適有幽憂之病，方且治之，未暇治天下也。」夫天下至重也，而不以害其生，又況他物乎？唯無以天下爲者，可以託天下也。

舜讓天下於子州支伯，子州支伯〔一〕曰：「予適有幽憂之病，方且治之，未暇治天下也。」故天下大器也，而不以易生，此有道者之所以異乎俗也。

舜以天下讓善卷，善卷曰：「余立於宇宙之中，冬日衣皮毛，夏日衣葛絺。春畊種，形足以勞動；秋收斂，身足以休食。日出而

〔一〕「子州支伯」四字原闕，據世德堂本補。

作，日入而息，逍遥於天地之間，而心意自得。吾何以天下爲哉？悲夫，子之不知予也。」遂不受。於是去而入深山，莫知其處。

舜以天下讓其友石户之農，石户之農曰：「捲捲（捲，音權。）乎，后之爲人，葆力之士也。」以舜之德爲未至也。于是夫負妻戴，攜子以入於海，終身不反也。

泰王亶父居邠，狄人攻之，事之以皮帛而不受，事之以犬馬而不受，事之以珠玉而不受，狄人之所求者，土地也。大王亶父曰：「與人之兄居而殺其弟，與人之父居而殺其子，吾不忍也。子皆勉居矣。爲吾臣，與爲狄人臣，奚以異？且吾聞之，不以所用養害所養。」因杖筴（筴，仝策。）而去之。民相連（連，音輦。）而從之，遂成國於岐山之下。夫大王亶父可謂能尊生矣。能尊生者，雖富貴不以養傷身，雖貧賤不以利累形。今世之人居高官尊爵者，皆重失之，見利輕亡其身，豈不惑哉？

越人三世弑其君，王子搜患之，逃乎丹穴。而越國無君，求王子搜不得，從之丹穴。王子搜不肯出，越人熏之以艾。乘以王輿，王子搜援綏登車，仰天而呼曰：「君乎，君乎，獨不可以舍我乎？」王子搜非惡爲君也，惡爲君之患也。若王子搜者，可謂不以國傷生矣，此固越人之所欲得爲君也。

韓魏相與爭侵地。子華子見昭僖侯，昭僖侯有憂色。子華子曰：「今使天下書銘於君之前，書之言曰：『左手攫之則右手廢，右手攫之則左手廢。然而攫之者必有天下。』君能攫之乎？」昭僖侯曰：「寡人不攫也。」子華子曰：「甚善。自是觀之，兩臂重於天下也，身亦重於兩臂。韓之輕於天下亦遠矣，今之所爭者，其輕於韓又遠。君固愁身傷生以憂戚不得也。」僖侯曰：「善哉。教寡人者衆矣，未嘗聞此言也。」子華子可謂知輕重矣。

魯君聞顔闔得道之人也，使人以幣先焉。顔闔守陋閭，苴布之衣，而自飯牛。魯君之使者至，顔闔自對之。使者曰：「此顔闔之家與？」顔闔對曰：「此闔之家也。」使者致幣，顔闔對曰：「恐聽者謬而遺使者罪，不若審之。」使者還，還，音旋。反審之，復來求之，則不得已。故若顔闔者，真惡富貴也。故曰：道之真以治身，其緒餘以爲國家，其土苴以治天下。由此觀之，帝王之功，聖人之餘事也，非所以完身養生也。今世俗之君子，多危身棄生以殉物，豈不悲哉？凡聖人之動作也，必察其所以之與其所以爲。今且有人於此，以隋侯之珠彈千仞之雀，世必笑之。是何也？則其所用者重而所要要，平聲。者輕也。夫生者，豈特隋侯之重哉？

子列子窮，容貌有飢色。客有言之于鄭子陽者，曰：「列禦寇，蓋有好好，如字。之士也，居君之國而窮，君無乃爲不好好，去聲。士乎？」鄭子陽即令官遺遺，去聲。之粟。子列子見使者，再拜而辭。使者去，子列子入，其妻望之而拊心曰：「妾聞爲有道者之妻子，皆得佚樂，樂，音洛。今有飢色。君過而遺先生食，先生不受，豈不命邪？」子列子笑，謂之曰：「君非自知我也。以人之言而遺我粟，至其罪我也，又且以人之言。此吾所以不受也。」其卒，民果作難難，去聲。而殺子陽。

楚昭王失國，屠羊説説，音悦。走而從於昭王。昭王反國，將賞從者，及屠羊説。屠羊説曰：「大王失國，説失屠羊；大王反國，説亦反屠羊。臣之爵禄已復矣，又何賞之有？」王曰：「強之。」屠羊説曰：「大王失國，非臣之罪，故不敢伏其誅；大王反國，非臣之功，故不敢當其賞。」王曰：「見之。」屠羊説曰：「楚國之法，必有重賞大功而後得見。今臣之知（知，去聲。）不足以存國，而勇不足以死寇。吴軍入郢，説畏難（難，去聲。）而避寇，非故隨大王也。今大王欲癈法毁約而見説，此非臣之所以聞天下也。」王謂司馬子綦曰：「屠羊説居處（處，上聲。）卑賤，而陳義甚高。子其爲我延之以三旌之位。」屠羊説曰：「夫三旌之位，吾知其貴於屠羊之肆也；萬鍾之禄，吾知其富於屠羊之利也。然豈可以貪爵禄而使吾君有妄施之名乎？説不敢當，願復反吾屠羊之肆。」遂不受也。

原憲居魯，環堵之室，茨以生草，蓬户不完，桑以爲樞，而甕牖二室，褐以爲塞，上漏下濕，匡坐而弦。子貢乘大馬，中紺而表素，軒車不容巷，往見原憲。原憲華（華，音花。）冠縰（縰，音洗。）履，杖藜而應門。子貢曰：「嘻，先生何病？」原憲應之曰：「憲聞之，無財謂之貧，學而不能行謂之病。今憲，貧也，非病也。」子貢逡巡而有愧色。原憲笑曰：「夫希世而行，比周而友，學以爲人，教以爲爲，俱去聲。己，仁義之慝，輿馬之飾，憲不忍爲也。」

曾子居衛，緼袍無表，顔色腫噲，手足胼胝。三日不舉火，十年不製衣，正冠而纓絶，捉衿而肘見，納屨而踵決。曳縰而歌《商頌》，聲滿天地，若出金石。天子不得臣，諸侯不得友。故養志者忘形，養形者忘利，致道者忘心矣。

孔子謂顔回曰：「回，來。家貧居卑，胡不仕乎？」顔回對曰：「不願仕。回有郭外之田五十畝，足以給飦粥；郭内之田十畝，足以爲絲麻；鼓琴足以自娱，所學夫子之道者足以自樂也。回不願仕也。」孔子愀然變容，曰：「善哉，回之意。丘聞之：『知足者，不以利自累也；審自得者，失之而不懼；行脩于内者，無位而不怍。』丘誦之久矣，今於回而後見之，是丘之得也。」

中山公子牟謂瞻子曰：「身在江海之上，心居乎魏闕之下，奈何？」瞻子曰：「重生。重生則利輕。」中山公子牟曰：「雖知之，未能自勝也。」瞻子曰：「不能自勝則從，神無惡惡，去聲。

乎？不能自勝而強強，上聲。不從者，此之謂重重，平聲。傷。重傷之人，無壽類矣。」魏牟，萬乘之公子也，其隱巖穴也，難爲于布衣之士。雖未至乎道，可謂有其意矣。

孔子窮于陳蔡之間，七日不火食，藜羹不糝，顔色甚憊，而弦歌于室。顔回擇菜，子路、子貢相與言曰：「夫子再逐于魯，削迹于衛，伐樹于宋，窮于商周，圍于陳蔡。殺夫子者無罪，籍夫子者無禁。弦歌鼓琴，未嘗絶音，君子之無恥也若此乎？」顔回無以應，入告孔子。孔子推琴，喟然而嘆曰：「由與賜，細人也。召而來，吾語之。」子路、子貢入。子路曰：「如此者，可謂窮矣。」孔子曰：「是何言也？君子通于道之謂通，窮于道之謂窮。今丘抱仁義之道，以遭亂世之患，其何窮之爲？故内省而不窮於道，臨難而不失其德。天寒既至，霜雪既降，吾是以知松柏之茂也。陳蔡之隘，隘，作阨。於丘其幸乎。」孔子削然反琴而弦歌，子路扢然執干而舞。子貢曰：「吾不知天之高也，地之下也。」古之得道者，窮亦樂，通亦樂，所樂非窮通也。道德于此，則窮通爲寒暑風雨之序矣。故許由娱于穎陽，而共伯得乎丘首。

舜以天下讓其友北人無擇，北人無擇曰：「異哉，后之爲人也。居於畎畝之中，而遊堯之門。不若是而已，又欲以其辱行漫我。吾羞見之。」因自投清泠泠，音零。之淵。

湯將伐桀，因卞隨而謀，卞隨曰：「非吾事也。」湯曰：「孰可？」曰：「吾不知也。」湯又因瞀瞀，音務。光而謀，瞀光曰：「非吾事也。」湯曰：「孰可？」曰：「吾不知也。」湯曰：「伊尹何如？」曰：「强力忍垢，吾不知其他也。」湯遂與伊尹謀伐桀，克之。以讓卞隨，卞隨辭曰：「后之伐桀也，謀乎我，必以我爲賊也；勝桀而讓我，必以我爲貪也。吾生乎亂世，而無道之人再來漫我以其辱行，吾不忍數數，音朔。聞也。」乃自投椆椆，音桶，一作桐。水而死。湯又讓瞀光曰：「知者謀之，武者遂之，仁者居之，古之道也。吾子胡不立乎？」瞀光辭曰：「癈上，非義也；殺民，非仁也；人犯其難，我享其利，非廉也。吾聞之曰：『非其義者，不受其禄；無道之世，不踐其土。』況尊我乎？吾不忍久見也。」乃負石而自沉于廬水。

昔周之興，有士二人處於孤竹，曰伯夷、叔齊。二人相謂曰：「吾聞西方有人，似有道者，試往觀焉。」至于岐陽，武王聞之，使叔旦往見之，與之盟曰：「加富二等，就官一列。」血牲而埋之。二人相視而笑曰：「嘻，異哉。此非吾所謂道也。昔者神農之有天下也，時祀盡敬而不祈喜；其於人也，忠信盡治而無求焉。樂與政爲政，樂與治爲治，不以人之壞自成也，不以人之卑自高也，不以遭時自利也。今周見殷之亂而遽爲政，上謀而下行貨，阻兵而保威，割牲而盟以爲信，揚行（行，去聲。）以說（說，音悅。）衆，殺伐以要（要，平聲。）利，是推亂以易暴也。吾聞古之士，遭治世不避其任，遇亂世不爲苟存。今天下闇，周德衰，其並（並，作傍。）乎周以塗吾身也，不如避之以潔吾行。」二子北至于首陽之山，遂餓而死焉。若伯夷、叔齊者，其於富貴也，苟可得已，則必不賴。高節戾行，獨樂其志，不事于世，此二士之節也。

盜跖

孔子與柳下季爲友，柳下季之弟名曰盜跖。盜跖從卒九千人，横行天下，侵暴諸侯，穴室樞户，驅人牛馬，取人婦女，貪得忘親，不顧父母兄弟，不祭先祖。所過之邑，大國守城，小國入保，萬民苦之。孔子謂柳下季曰："「夫爲人父者，必能詔其子；爲人兄者，必能教其弟。若父不能詔其子，兄不能教其弟，則無貴父子兄弟之親矣。今先生，世之才士也，弟爲盜跖，爲天下害，而弗能教也，丘竊爲先生羞之。丘請爲先生往説之。」柳下季曰："「先生言爲人父者必能詔其子，爲人兄者必能教其弟，若子不聽父之詔，弟不受兄之教，雖今先生之辯，將奈之何哉？且跖之爲人也，心如涌泉，意如飄風，強足以拒敵，辯足以飾非，順其心則喜，逆其心則怒，易辱人以言。先生必無往。」孔子不聽，顔回爲馭，子貢爲右，往見盜跖。盜跖乃方休卒徒大山之陽，膾人肝而餔之。孔子下車而前，見謁者曰：「魯人孔丘，聞將軍高義，敬再拜謁者。」謁者入通。盜跖聞之大怒，目如明星，髮上指冠，曰：「此夫魯國之巧僞人孔丘非邪？爲我告之：『爾作言造語，妄稱文、武，冠枝木之冠，帶死牛之脅，多辭繆説，不耕而食，不織而衣，摇脣鼓舌，擅生是非，以迷天下之主，使天下學士不反其本，妄作孝悌而儌倖于封侯富貴者也。子之罪大極重，疾走歸。不然，我將以子肝益晝餔之膳。』」孔子復通曰：「丘得幸于季，願望履幕下。」謁者復通。盜跖曰：「使來前。」孔子趨而進，避席反走，再拜盜跖。盜跖大怒，兩展其足，案劍瞋目，聲如乳虎，曰：「丘來前。若所言，順吾意則生，逆吾心則死。」孔子曰：「丘聞之，凡天下有三德：生而長大，美好無雙，少長貴賤見而皆説之，此上德也；知維天地，能辯諸物，此中德也；勇悍果敢，聚衆率兵，此下德也。凡人有此一德者，足以南面稱孤矣。今將軍兼此三者，身長八尺二寸，面目有光，脣如激丹，齒如齊貝，音中黄鐘，而名曰盜跖，丘竊爲將軍恥不取焉。將軍有意聽臣，臣請南使吴越，北使齊魯，東使宋衛，西使晉楚，使謂將軍造大城數百里，立數十萬户之邑，尊將軍爲諸侯，與天下更始，罷兵休卒，收養昆弟，共祭先祖。此聖人才士之行，行，去聲。而天下之願也。」盜跖大怒曰：「丘來前。夫可規以利而可諫以言者，皆愚陋恒民之謂耳。今長大美好，人見而説之者，此吾父母之遺德也。丘雖不吾譽，吾獨不自知邪？且吾聞之，好面譽人者，亦好背而毀之。今丘告我以大城衆民，是欲規我以利而恒民畜我也，安可長久也？城之大者，莫大乎天下矣。堯、舜有天下，子孫無置錐之地；湯、武立爲天子，而後世絶滅。非以其利大故邪？且吾聞之，古者禽獸多而人民少，于是民皆巢居以避之，晝拾橡栗，暮栖木上，故命之曰有巢氏之民。古者民不知衣服，夏多積薪，冬則煬之，故命之曰知生之民。神農之世，臥則居居，起則于于，民知其母，不知其父，與麋鹿共處，耕而食，織而衣，無有相害之心，此至德之隆也。然而黄帝不能致德，與蚩尤戰於涿鹿之野，流血百里。堯、舜作，立羣臣，湯放其主，武王殺紂。自是之後，以強凌弱，以衆暴寡。湯、武以來，皆亂人之徒也。今子脩文、武之道，掌天下之辯，以教後世，縫衣淺帶，矯言僞行，以迷惑天下之主，而欲求富貴焉，盜莫大于子。天下何故不謂子爲盜丘，而乃謂我盜跖？子以甘辭説說，音稅。子路而使從之，使子路去其危冠，解其長劍，而受教於子，天下皆曰孔丘能止暴禁非。其卒之也，子路欲殺衛君而事不成，菹于衛東門之上，是子教之不至也。子自謂才士聖人邪？則再逐于魯，削跡于衛，窮于齊，圍於陳蔡，不容身於天下。子教子路菹此患，上無以爲身，下無以爲爲，俱去聲。人，子之道豈足貴邪？世之所高，莫若黄帝。黄帝尚不能全德，而戰涿鹿之野，流血百里。堯不慈，舜不孝，禹偏枯，湯放其主，武王伐紂，文王拘羑里。此六子者，世之所高也，孰孰，作熟。論之，皆以利惑其真而強強，上聲。反其性情，其行行，去聲。乃甚可羞也。世之所謂賢士，伯夷、叔齊辭孤竹之君，而餓死于首陽之山，骨肉不葬。鮑焦飾行非世，抱木而死。申徒狄諫而不聽，負石自投于河，爲魚鼈所食。介子推至忠也，自割其股以食文公，文公後背之，子推怒而去，抱木而燔死。尾生與女子期于梁下，女子不來，水至不去，抱梁柱而死。此四者，無異於磔犬流豕、操瓢而乞者，皆離名輕死，不念本養壽命者也。世之所謂忠臣者，莫若王子比干、伍子胥。子胥沈江，比干剖心，此二子者，世謂忠臣也，然卒爲天下笑。自上觀之，至于子胥、比干，皆不足貴也。丘之所以説我者，若告我以鬼事，則我不能知也；若告我以人事者，不過此矣，皆吾所聞知也。今吾告子以人之情：目欲視色，耳欲聽聲，口欲察味，志氣欲盈。人上壽百歲，中壽八十，下壽六十，除病瘦死喪憂患，其中開口而笑者，一月之中不過四五日而已矣。天與地無窮，人死者有時，操有時之具而託于無窮之間，忽然無異騏驥之馳過隙也。不能説（說，音悦。）其志意，養其壽命者，皆非通道者也。丘之所言，皆吾之所棄也。亟去走歸，無復言之。子之道狂狂汲汲，詐巧虚僞事也，非可以全真也，奚足論哉？」孔子再拜趨走，出門上車，執轡三失，目芒然無見，色若死灰，據軾低頭，不能出氣。歸到魯東門外，適遇柳下季。柳下季曰：「今者闕然數日不見，車馬有行色，得微往見跖邪？」孔子仰天而嘆曰：「然。」柳下季曰：「跖得無逆汝意若前乎？」孔子曰：「然。丘所謂無病而自灸也。疾走料虎頭，扁虎須，幾不免虎口哉。」

子張問于滿苟得曰：「盍不爲行？無行則不信，不信則不任，不任則不利。故觀之名，計之利，而義真是也。若棄名利，反之于心，則夫士之爲行，不可一日不爲乎。」滿苟得曰：「無恥者富，多信者顯。夫名利之大者，幾在無恥而信。故觀之名，計之利，而信真是也。若棄名利，反之于心，則夫士之爲行，抱其天乎？」子張曰：「昔者桀、紂貴爲天子，富有天下，今謂臧聚曰『汝行如桀紂』，則有怍色，有不服之心者，小人所賤也。仲尼、墨翟，窮爲匹夫，今謂宰相曰『子行如仲尼、墨翟』，則變容易色，稱不足者，士誠貴也。故勢爲天子，未必貴也；窮爲匹夫，未必賤也。貴賤之分，在行之美惡。」滿苟得曰：「小盜者拘，大盜者爲諸侯，諸侯之門，義士存焉。昔者桓公小白殺兄入嫂，而管仲爲臣；田成子常殺君竊國，而孔子受幣。論則賤之，行則下之，則是言行之情悖戰胸中也，不亦拂乎？故《書》曰：『孰惡孰美，成者爲首，不成者尾。』」子張

註：信，人信之也；任，人任之也。計及名利，而知脩行爲事之宜也。若不計名利，則士之脩行豈不可一日不爲乎？言士之爲日脩其行者，正所以取名利也。

無恥多信，言行己不必有恥，而但外取信于人也。故計及名利，則無恥而信，真其術矣。若不計名利而但脩行，則亦徒抱其天乎？言無益于人事也。

臧聚，臧獲盜聚之人也。

爲名、爲利雖異，同是不順于理之當然，觀法于道之自然也。下故設爲無約之言以正之。無約亦是造出人名，言無約束者，曰無約言也。爲小人、爲利也，是固違天理狥人矣。即爲君子，亦爲名，而非自然之理。故必無爲君子之心，乃從天理耳。「若枉」至「而天」數句，正是説道理。

曰：「子不爲行，即將疏戚無倫，貴賤無義，長幼無序。五紀六位，將何以爲別乎？」滿苟得曰：「堯殺長子，舜流母弟，疏戚有倫乎？湯放桀，武王殺紂，貴賤有義乎？王季爲適，（適，仝嫡。）周公殺兄，長幼有序乎？儒者僞辭，墨者兼愛，五紀六位將有別乎？且子正爲名，我正爲（爲，俱去聲。）利。名利之實，不順於理，不監（亦作鑑。）於道。吾日與子訟于無約曰：『小人殉財，君子殉名。其所以變其情，易其性則異矣；乃至於棄其所爲，而殉其所不爲，則一也。』故曰：無爲小人，反殉而天；無爲君子，從天之理。若枉若直，相爲天極；面觀四方，與時消息。若是若非，執而圓機；獨成而意，與道徘徊。無轉而行，無成而義，將失而所爲。無赴而富，無殉而成，將棄而天。比干剖心，子胥抉眼，忠之禍也；直躬證父，尾生溺死，信之患也；鮑子立乾，（乾，音干。）申（申，或作勝。）子不自理，廉之害也；孔子不見母，匡子不見父，義之失也。此上世之所傳，下世之所語，以爲士者正其言、必其行，故服其殃、離其患也。」

無足問于知和曰：「人卒未有不興名就利者。彼富則人歸之，歸則下之，下則貴之。夫見下貴者，所以長生安體樂意之道也。今子獨無意焉，知不足邪？意知而力不能行邪？故爲推正不忘邪？」知和曰：「今夫此人，以爲與己同時而生，同鄉而處者，以爲夫絶俗過世之士焉，是專無主正，所以覽古今之時，是非之分也，與俗化。世去至重，棄至尊，以爲其所爲也。此其所以論長生安體樂意之道，不亦遠乎？慘怛之疾，恬愉之安，不監于體；怵惕之恐，欣懽之喜，不監于心。知爲爲而不知所以爲，是以貴爲天子，富有天下，而不免於患也。」無足曰：「夫富之於人，無所不利，窮美究勢，至人之所不得逮，賢人之所不能及，俠俠，音協。人之勇力而以爲威強，秉人之知謀以爲明察，因人之德以爲賢良，非享國而嚴若君父。且夫聲色滋味權勢之于人，心不待學而樂之，體不待象而安之。夫欲惡避就，固不待師，此人之性也。天下雖非我，孰能辭之？」知和曰：「知者之爲，故動以百姓，不違其度，是以足而不爭，無以爲故不求。不足故求之，爭四處而不自以爲貪；有餘故辭之，棄天下而不自

故爲推求正理，而不忘束縛。

「今夫此人」，指好名利者。彼自以爲與人同生處，而我獨出類拔萃，然其中卻無正經主見，以覽古今而別是非也，與俗同流合汙也。化世，爲汙世所化也。

侅，音該，又音亥。舊註：「咽于上爲侅，洩于下爲溺。」則「溺」當讀「吾弔切」。馮，音憤，蓄不通之氣也，下仝。

舊註：「積聚多財若堵，滿于耳目之前。」

舊註：「醮，作顦。」言心戚戚而容顦悴也。

重樓内周，疏軒外列，謂防守也。

單，但也。

以爲廉。廉貪之寔，非以迫外也，反監之度。勢爲天子，而不以貴驕人；富有天下，而不以財戲人。計其患，慮其反，以爲害于性，故辭而不受也，非以要名譽也。堯、舜爲帝而雍，非仁天下也，不以美害生也；善卷、許由得帝而不受，非虚辭讓也，不以事害己也。此皆就其利，辭其害，而天下稱賢焉，則可以有之，彼非以興名譽也。」無足曰：「必持其名，苦體絶甘，約養以持生，則亦久病長阨而不死者也。」知和曰：「平爲福，有餘爲害者，物莫不然，而財其甚者也。今富人，耳營鐘鼓筦籥之聲，口嗛于芻豢醪醴之味，以感其意，遺忘其業，可謂亂矣；侅溺於馮氣，若負重行而上也，可謂苦矣；貪財而取慰，貪權而取竭，静居則溺，體澤則馮，可謂疾矣；爲欲富就利，故滿若堵耳而不知避，且馮（音憑。）而不舍，可謂辱矣；財積而無用，服膺而不舍，滿心戚醮，求益而不止，可謂憂矣；内則疑刦（刦，仝劫。）請之賊，外則畏寇盗之害，内周樓疏，外不敢獨行，可謂畏矣。此六者，天下之至害也，皆遺忘而不知察。及其患至，求盡性竭財，單以反一日之無故而不可得也。故觀之名則不見，求之利則不得，繚意絶體而爭此，不亦惑乎？」

説劍

昔趙文王喜劍，劍士夾門而客三千餘人，日夜相擊于前，死傷者歲百餘人，好之不厭。如是三年，國衰，諸侯謀之。太子悝悝，音奎，又音里。患之，募左右曰：「孰能説説，音悦。王之意，止劍士者，賜之千金。」左右曰：「莊子當能。」太子乃使人以千金奉莊子。莊子弗受，與使者俱往見太子曰：「太子何以教周，賜周千金？」太子曰：「聞夫子明聖，謹奉千金以幣從者。夫子弗受，悝尚何敢言？」莊子曰：「聞太子所欲用周者，欲絶王之喜好也。使臣上説大王而逆王意，下不當太子，則身刑而死，周尚安所事金乎？使臣上説大王，下當太子，趙國何求而不得也？」太子曰：「然。吾王所見，唯劍士也。」莊子曰：「諾。周善爲劍。」太子曰：「然吾王所見劍士，皆蓬頭突鬢垂冠，曼胡之纓，短後之衣，瞋目而語難，王乃説之。今夫子必儒服而見王，事必大逆。」莊子曰：「請治劍服。」治劍服三日，乃見太子。太子乃與見王，王脱白刃待之。莊子入殿門不趨，見王不拜。王曰：「子何以教寡人，使太子先？」曰：「臣聞大王喜劍，故以劍見王。」王曰：「子之劍何能禁制？」曰：「臣之劍十步一人，千里不畱行。」王大説，曰：「天下無敵矣。」莊子曰：「夫爲劍者，示之以虛，開之以利，後之以發，先之以至。願得試之。」王曰：「夫子休就舍，待命令設戲請夫子。」王乃校劍士七日，死傷者六十餘人，得五六人，使奉劍於殿下，乃召莊子。王曰：「今日試使士敦劍。」莊子曰：「望之久矣。」王曰：「夫子所御杖，長短何如？」曰：「臣之所奉皆可。然臣有三劍，唯王所用，請先言而後試。」王曰：「願聞三劍。」曰：「有天子劍，有諸侯劍，有庶人劍。」王曰：「天子之劍何如？」曰：「天子之劍，以燕谿石城爲鋒，齊岱爲鍔，晉魏爲脊，周宋爲鐔，韓魏爲鋏，包以四夷，裹以四時，繞以渤海，帶以常山；制以五行，論以刑德；開以陰陽，持以春夏，行以秋冬。此劍，直之無前，舉之無上，案之無下，運之無旁，上決浮雲，下絶地紀。此劍一用，匡諸侯，天

鍔，劍刃也。鐔，音尋，劍口也。鋏，劍把也。

下服矣。此天子之劍也。」文王芒然自失，曰：「諸侯之劍何如？」曰：「諸侯之劍，以知勇士爲鋒，以清廉士爲鍔，以賢良士爲脊，以忠聖士爲鐔，以豪傑士爲鋏。此劍，直之亦無前，舉之亦無上，案之亦無下，運之亦無旁；上法圓天以順三光，下法方地以順四時，中和民意以安四鄉。此劍一用，如雷霆之震也，四封之內，無不賓服而聽從君命者矣。此諸侯之劍也。」王曰：「庶人之劍何如？」曰：「庶人之劍，蓬頭突鬢垂冠，曼胡之纓，短後之衣，瞋目而語難。相擊于前，上斬頸領，下決肝肺。此庶人之劍，無異于鬬雞，一旦命已絶矣，無所用于國事。今大王有天子之位，而好庶人之劍，臣竊爲大王薄之。」王乃牽而上殿，宰人上食，王三環之。莊子曰：「大王安坐定氣，劍事已畢奏矣。」于是文王不出宮三月，劍士皆服斃其處也。

三環，當是王親饋之禮，三繞其饌也。

服斃，恥不見禮而自殺也，然亦屈服之意，故曰服斃。

漁父

孔子遊於緇帷之林，休坐乎杏壇之上。弟子讀書，孔子絃歌鼓琴。奏曲未半，有漁父者，下船而來，鬚眉交白，被髮揄袂，行原以上，距陸而止，左手據膝，右手持頤以聽。曲終，而招子貢、子路二人俱對。客指孔子曰：「彼何爲者也？」子路對曰：「魯之君子也。」客問其族。子路對曰：「族孔氏。」客曰：「孔氏者何治也？」子路未應，子貢對曰：「孔氏者，性服忠信，身行仁義，飾禮樂，選人倫。上以忠于世主，下以化于齊民，將以利天下。此孔氏之所治也。」又問曰：「有土之君與？」子貢曰：「非也。」「侯王之佐與？」子貢曰：「非也。」客乃笑而還，行言曰：「仁則仁矣，恐不免其身，苦心勞形以危其真。嗚呼，遠哉，其分于道也。」子貢還，報孔子。孔子推琴而起，曰：「其聖人與？」乃下求之，至於澤畔，方將杖拏而引其船，顧見孔子，還鄉而立。鄉，去聲。孔子反走，再拜而進。客曰：「子將何求？」孔子曰：「曩者先生有緒言而去，丘不肖，未知所謂，竊待于下風，幸聞咳唾之音，以卒相相，去聲。丘也。」客曰：「嘻，甚矣，子之好學也。」孔子再拜而起，曰：「丘少而脩學，以至於今，六十九歲矣，無所得聞至教，敢不虛心？」客曰：「同類相從，同聲相應，固天之理也。吾請釋吾之所有，而經子之所以。子之所以者，人事也。天子諸侯大夫庶人，此四者自正，治之美也，四者離位而亂莫大焉。官治其職，人憂其事，乃無所陵。故田荒室露，衣食不足，徵賦不屬，妻妾不和，長少無序，庶人之憂也；能不勝任，官事不治，行不清白，羣下荒怠，功美不有，爵祿不持，大夫之憂也；廷無忠臣，國家昏亂，工技不巧，貢職不美，春秋不倫，不順天子，諸侯之憂也；陰陽不和，寒暑不時，以傷庶物，諸侯暴亂，擅相攘伐，以殘民人，禮樂不節，財用窮匱，人倫不飭，百姓淫亂，天子有司之憂也。今子既上無君侯有司之勢，而下無大臣職事之官，而擅飾禮樂，選人倫，以化齊民，不泰多事乎？且人有八疵，事有四患，不可不察也。非其事而事之，謂之

春秋，謂朝覲。不倫，失序也。

無善否，皆欲其悦我顔色。投人所好，揣人所欲，而潛引拔之，以長其惡。

總；莫之顧而進之，謂之佞；希意道言，謂之諂；不擇是非而言，謂之諛；好言人之惡，謂之讒；析交離親，謂之賊；稱譽詐僞以敗惡惡，去聲。人，謂之慝；不擇善否，兩容顔適，偷拔其所欲，謂之險。此八疵者，外以亂人，内以傷身，君子不友，明君不臣。所謂四患者，好經大事，變更易常，以挂功名，謂之叨；專知擅事，侵人自用，謂之貪；見過不更，聞諫愈甚，謂之狠；人同於己則可，不同於己，雖善不善，謂之矜。此四患也。能去八疵，行無四患，而始可教已。」孔子愀然而歎，再拜而起，曰：「丘再逐于魯，削迹于衛，伐樹于宋，圍於陳蔡。丘不知所失，而離此四謗者何也？」客悽然變容曰：「甚矣，子之難悟也。人有畏影惡迹而去之走者，舉足愈數而迹愈多，走愈疾而影不離身，自以爲尚遲，疾走不休，絶力而死。不知處陰以休影，處静以息迹，愚亦甚矣。子審仁義之間，察同異之際，觀動静之變，適受與之度，理好惡之情，和喜怒之節，而幾于不免矣。謹脩而身，慎守其真，還以物與人，則無所累矣。今不脩之身而求之人，不亦外乎？」孔子愀然曰：「請問何謂真？」客曰：「真者，精誠之至也。不精不誠，不能動人。故強哭者，雖悲不哀；強怒者，雖嚴不威；強親者，雖笑不和。真悲無聲而哀，真怒未發而威，真親未笑而和。真在內者，神動于外，是所以貴真也。其用于人理也，事親則慈孝，事君則忠貞，飲酒則懽樂，處喪則悲哀。忠貞以功爲主，飲酒以樂爲主，處喪以哀爲主，事親以適爲主，功成之美，無一其迹矣。事親以適，不論所以矣；飲酒以樂，不選其具矣；處喪以哀，無問其禮矣。禮者，世俗之所爲也；真者，所以受于天也，自然不可易也。故聖人法天貴真，不拘于俗。愚者反此。不能法天而恤于人，不知貴真，禄禄而受變于俗，故不足。惜哉，子之早湛于人僞而晚聞大道也。」孔子又再拜而起曰：「今者丘得遇也，若天幸然。先生不羞而比之服役，而身教之。敢問舍所在，請因受業而卒學大道。」客曰：「吾聞之，可與往者，與之，至于妙道；不可與往者，不知其道，慎勿與之，身乃無咎。子勉之。吾去子矣，吾去子矣。」乃刺船而去，延緣葦間。顏淵還車，子路授綏，孔子不顧，待水波定，不聞拏音而後敢乘。子路旁車而問曰：「由得爲役久矣，未嘗見夫子遇人如此其威也。萬乘之主，千乘之君，見夫子未嘗不分庭伉禮，夫子猶存倨傲之容。今漁父杖拏逆立，而夫子曲要磬折，再拜而應，得無大甚乎？門人皆恠夫子矣，漁父何以得此乎？」孔子伏軾而歎，曰：「甚矣，由之難化也。湛于禮義有間矣，而樸鄙之心至今未去。進，吾語汝。夫遇長不敬，失禮也；見賢不尊，不仁也。彼非至人，不能下人，下人不精，不得其真，故長傷身。惜哉，不仁之于人也，禍莫大焉，而由獨擅之。且道者，萬物之所由也。庶物失之者死，得之者生；爲事逆之則敗，順之則成。故道之所在，聖人尊之。今漁父之于道，可謂有矣，吾敢不敬乎？」

列御寇

列御寇之齊，中道而反，遇伯昏瞀人。伯昏瞀人曰：「奚方而反？」曰：「吾驚焉。」曰：「惡乎驚？」曰：「吾嘗食于十饗，而五饗先饋。」伯昏瞀人曰：「若是，則汝何爲驚已？」曰：「夫内誠不解，形諜成光，以外鎮人心，使人輕乎貴老，而鼇其所患。夫饗人特爲食羹之貨，多餘之贏，《列子》本，「多」字上有「無」字。其爲利也薄，其爲權也輕，而猶若是，而況於萬乘之主乎？身勞于國而知盡于事，彼將任我以事，而效我以功，吾是以驚。」伯昏瞀人曰：「善哉，觀乎。汝處已，人將保汝矣。」無幾何而往，則户外之屨滿矣。伯昏瞀人北面而立，敦杖蹙之乎頤，立有間，不言而出。賓者以告列子，列子提屨，跣而走，暨乎門，曰：「先生既來，曾不發藥乎？」曰：「已矣，吾固告汝曰『人將保汝』，果保汝矣。非汝能使人保汝，而汝不能使人無保汝也，而焉用之感豫出異也？必且有感，搖

饗、漿仝。言嘗食于賣漿者之家，食其十漿，而賣漿者止取半直，以一半餽我。

誠積于中而未化。諜，軍中偵候者。言人候其形容有光輝，而外則能鎮服人之心，使人輕其貴者老者，而獨重我，是鼇患害于我也。

言汝第居于家，而人將以汝爲師保。

敦，音頓，豎也。豎杖拄頤而皮肉蹙皺也。

凡感人而使人悦豫者，由其有異行露出于外

也。使必欲感人，則且搖動爾之本性，此甚無謂。而從遊者無忠告之道，一味皆小人之言以毒害汝，而汝不覺悟。

言天下凡巧勞而知憂，惟無能者無所求食于人，而及得自適。汎，汎若不係之舟，蓋惟虛而得以遨遊也。

良，音埌，塚也。言盍不視予塚之柏已成實乎？蓋恨己之死也。

其人，使爲墨之人。天，能爲墨之性也。彼性自能使彼爲墨，而緩也自以爲功。以爲己之待弟有異于人，而賤怨其父，是猶齊人之飲于井者，不知地自能出泉，而以鑿井者爲功，而相捽責也。

而本才，又無謂也。與汝遊者，又莫與告告，入聲。也，彼所小言，盡人毒也。莫覺莫悟，何相孰也？巧者勞而知者憂，無能者無所求，食而遨遊，汎若不繫之舟，虛而遨遊者也。」

鄭人緩也，呻吟裘氏之地。祇三年而緩爲儒，河潤九里，澤及三族，使其弟墨。儒墨相與辯，其父助翟。十年而緩自殺。其父夢之曰：「使而子爲墨者，予也。闔胡嘗視其良，既爲秋柏之實矣？」夫造物者之報人，不報其人而報其人之天，彼故使彼。夫人以己爲有以異於人以賤其親，齊人之井飲者相捽也。故曰：今之世皆緩也。自是，有德者以不知也，而況有道者乎？古者謂之遁天之刑。

聖人安其所安，不安其所不安；衆人安其所不安，不安其所安。莊子曰：「知道易，勿言難。知而不言，所以之天也；知而言之，所以之人也。古之人，天而不人。」

朱泙泙，音平。漫學屠龍于支離益，單作殫。千金之家，三年技成而無所用其巧。

聖人以必不必，故無兵；衆人以不必必之，故多兵〔一〕。順于兵，故行有求。兵，恃之則亡。

聖人于事之可必者，猶以爲不必，故無兵；衆人以不可必者而欲必之，故多兵。兵，争也。順，狥也。狥于争，故求敵；恃其争，則喪身。

小夫之知，不離苞苴竿牘，敝神乎蹇淺，而欲兼濟道物，太一形虛。若是者，迷惑于宇宙，形累不知太初。彼至人者，歸精神乎無始，而甘冥乎無何有之鄉。水流乎無形，發泄乎太清。悲哉乎，汝爲知在豪（作毫。）毛而不知太寧。

宋人有曹商者，爲宋王使秦。其往也，得車數乘；王説之，益車百乘。反於宋，見莊子，曰：「夫處窮閭阨巷，困窘織屨，槁項黄馘者，商之所短也；一悟萬乘之主，而從車百乘者，商之所長也。」莊子曰：「秦王有病召醫，破癰潰痤者得車一乘，舐痔者得車五乘，所治愈下，得車愈多。子豈治其痔邪，何得車之多也？子行矣。」

魯哀公問于顔闔曰：「吾以仲尼爲貞幹，國其有瘳乎？」曰：「殆哉，圾乎。仲尼方且飾羽而畫，從事華辭，以支爲旨，忍性

以支蔓之言爲美，矯忍其性以示民，而不自知其僞，不能無心，不能體神。

〔一〕「故多兵」三字原闕，據世德堂本補。

以視示。民而不知不信，受乎心，宰乎神。夫何足以上民？彼宜汝與？予頤與？與，俱平聲。誤而可矣。今使民離寔學僞，非所以視民也，爲後世慮，不若休之。難治也。」施于人而不忘，非天布也。商賈不齒，雖以士齒之，神者弗齒。

爲外刑者，金與木也；爲内刑者，動與過也。宵人之離外刑者，金木訊之；離内刑者，陰陽食之。夫免乎外内之刑者，唯真人能之。

孔子曰：「凡人心險於山川，難于知天。天猶有春秋冬夏旦暮之期，人者厚貌深情。故有貌願而益，有長若不肖，有順懁而達，有堅而縵，有緩而釬。故其就義若渴者，其去義若熱。故君子遠使之而觀其忠，近使之而觀其敬，煩使之而觀其能，卒然問焉而觀其知，急與之期而觀其信，委之以財而觀其仁，告之以危而觀其節，醉之以酒而觀其則，雜之以處而觀其色。九徵至，不肖人得矣。」

正考父一命而傴，再命而僂，三命而俯，循墻而走，孰敢不

若彼與汝相宜，與之以公養之禮，其爲誤猶可；若使之上民，決不可也。

且民難以有心治，施惠于人而不忘，非天之布化，商賈之行也。商賈不齒于人，今雖以其爲士而齒之，究不齒于聖神也。

金木，謂刀鋸桎梏。

順懁，或作慎獧，拘謹也。縵，柔韌也。釬，音捍，拘急也。

軌？如而夫者，一命而呂鉅，再命而于車上儛，三命而名諸父，孰協唐許？

賊莫大乎德有心而心有睫，及其有睫也而內視，內視而敗矣。凶德有五，中德爲首。何謂中德？中德也者，有以自好也，而吡其所不爲者也。窮有八極，達有三必，形有六府。美髯長大壯麗勇敢，八者俱過人者也，因以是窮。緣循、偃佒、困畏，不若人三者俱通達。知慧外通，勇動多怨，仁義多責。達生之情者傀，達于知者肖；達大命者隨，達小命者遭。

人有見宋王者，錫車十乘，以其十乘驕穉莊子。莊子曰：「河上有家貧恃緯蕭而食者，其子沒于淵，得千金之珠。其父謂其子曰：『取石來鍛之。夫千金之珠，必在九重之淵而驪龍頷下。子能得珠者，必遭其睡也。使驪龍而寤，子尚奚微之有哉？』今宋國之深，非直九重之淵也；宋王之猛，非直驪龍也。子能得車者，

軌，以之爲法也。而夫，凡夫也。呂鉅，驕矜貌。唐許，唐堯時之許由也。協，同也。

吡，音披，訾也。

緣循，〔一〕不能自立也。偃佒，隨起隨倒也。佒，音鞅。責，責任也。傀，音規，廣大也。達于知，則知天，天之肖子也。隨，隨所遇而安也。遭，謂吉凶得失偶然遭逢也。

視莊子若童穉而驕之。

〔一〕「緣循」，原作「循緣」，據底本《莊子》原文乙正。

必遭其睡也。使宋王而寤，子爲韲粉矣。」

或聘于莊子。莊子應其使曰：「子見夫犧牛乎？衣以文繡，食以芻菽，及其牽而入于大廟，雖欲爲孤犢，其可得乎？」

莊子將死，弟子欲厚葬之。莊子曰：「吾以天地爲棺槨，日月爲連璧，星辰爲珠璣，萬物爲齎送。吾葬具豈不備邪？何以加此？」弟子曰：「吾恐烏鳶之食夫子也。」莊子曰：「在上爲烏鳶食，在下爲螻蟻食，奪彼與此，何其偏也。」

以不平平，其平也不平；以不徵徵，其徵也不徵。明者唯爲之使，神者徵之。夫明之不勝神也久矣，而愚者恃其所見入於人，其功外也，不亦悲乎？

天下

天下之治方術者道術之局于一方者。多矣，皆以其有爲不可加矣。古之所謂道術者，果惡乎在？曰：「無乎不在。」曰：「神性。何由降？明覺。何由出？」「聖有所生，德。王有所成，業。皆原于一。」同出于一原也。不離于宗，以無爲爲主。謂之天人；不離于精，凝聚精神。謂之神人；超出天地。不離于真，同于太初。謂之至人。至極無加。以天爲宗，以德爲本，以道爲門，三句又總天人、神人、至人而言。兆于變化，謂之聖人。以仁爲恩，以義爲理，以禮爲行，以樂爲和，「以仁」四句總言聖人。薰然慈仁，謂之君子。以法法度。爲分，分，去聲。以名名器。爲表，以參爲驗，以稽爲決，其數一二三四是也。百官以此相齒，以事爲常，常職。以衣食農業。爲主，蕃息雞豚狗彘之畜。畜藏，府庫。老弱孤寡爲意，皆有以養，民之理也。「以法」以下，言君子之事。古之人其備乎。兼備聖神天至君子之道也。配神明，醇天地，育萬物，和天下，澤及百姓，明于本數，係于末度，六通四辟，小大精麤，其運無乎不在。言道術之大約如此。其明而在曆數者，指道術説。舊法帝王相傳之法。世傳之史尚多有之。其在于《詩》、《書》、《禮》、《樂》者，鄒魯之士、搢紳先生多能明之。《詩》以道志，《書》以道事，《禮》以道行，《樂》以道和，《易》以道陰陽，《春秋》以道名分。其數散於天下而設于中國者，百家之學時或稱而道之。天下大亂，賢聖不明，道德不一。天下多得一察焉以自好。天下之人，皆得其一偏而自好之。譬如耳目鼻口，皆有所明，不能相通。猶百家衆技也，皆有所長，時有所用。雖然，不該不偏，一曲之士也。判天地之美，析萬物之理，察古人之全，寡能備于天地之美，稱神明之容。其判之析之如此，則觀古人之道之全備，而知一曲之士，少有備夫天地之美而稱神明之頌者矣。容，當作頌。是故内聖外王之道，闇而不明，鬱而不發，天下之人各爲其所欲爲以自爲方。悲夫，百家往而不反，必不合矣。後世之學者，不幸不見天地之純，古人之大體。道術將爲天下裂。

不侈於後世，不靡于萬物，不暉于度數，以繩墨自矯，而備世之急，古之道術有在于是者。墨翟、禽滑釐聞其風而說之，爲之大過，已之大順，爲繩墨者太過，已侈靡者太順。順，當作慎。作爲《非樂》，命之曰《節用》，生不歌，死無服。墨子氾愛兼利而非鬭，其道不怒；又好學而博，不異，不與先王同，不異于衆人，而亦不與先王之道仝。毁古之禮樂。黄帝有《咸池》，堯有《大章》，舜有《大韶》，禹有《大夏》，湯有《大濩》，文王有《辟雍》之樂，武王、周公作《武》。古之喪禮，貴賤有儀，上下有等。天子棺槨七重，諸侯五重，大夫三重，士再重。今墨子獨生不歌，死不服，桐棺三寸而無槨，以爲法式。以此教人，恐不愛人；以此自行，固不愛己。未敗墨子道，墨子之道如此，雖不必毁敗之。雖然，歌而非然當歌而不歌。歌，哭而非哭，樂而非樂，是果類乎？此果類乎人情乎？其生也勤，其死也薄，其道大觳；使人憂，使人悲，其行難爲也。恐其不可以爲聖人之道，反天下之心，天下不堪。墨子雖獨能任，奈天下何？離于天下，其去王也遠矣。墨子稱道曰：「昔者禹之湮洪水，決江河而通四夷九州也，名山三百，支山三千，小者無數。禹親自操槖耜而九 糾同。 雜天下之川。腓 腓，音肥。 無胈，脛無毛，沐甚風，櫛疾雨，置萬國。禹大聖也，而形勞天下也如此。」使後世之墨者，多以裘褐爲衣，以跂蹻 當作屐屩。 爲服，日夜不休，以自苦爲極，曰：「不能如此，非禹之道也，不足謂墨。」相里勤之弟子，五侯之徒，南方之墨者苦獲、己齒、鄧陵子之屬，俱誦《墨經》，而倍譎不同，相謂別墨； 爲墨之別派。 以堅白同異之辯相訾，以觭偶不仵 觭偶，即奇偶。仵，音五，敵也。 之辭相應；以巨子 墨家以道之成者爲巨子也。 爲聖人，皆願爲之尸，冀得爲其後世，至今不決。 絶也。 墨翟、禽滑釐之意則是，其行則非也。將使後世之墨者，必自苦以腓無胈、脛無毛，相進而已矣。亂之上也，治之下也。雖然，墨子真天下之好 好，去聲。 也，將求之不得也， 世之好墨者，求其道如恐不得。 雖枯槁不舍也，才士也夫。 其道非正，而能使人好之若此，亦才士矣。

不累于俗，不飾於物，不苟于人，不忮于衆，願天下之安寧以活民命，人我之養，畢足而止，以此白心，古之道術有在於是者。

宋鈃、尹文聞其風而説之，作爲華山之冠以自表，接萬物以別宥別善惡，宥不及。爲始；語心之容，命之曰形容此心，以語于人曰。心之行，以聏合驩，以調海内，行，用。聏，和也。心之用，以和意合驩于人，以調和海内，其立教如此。請欲置之以爲主。有能然者，立爲教主。見侮不辱，不以爲辱。救民之鬭，禁攻寢兵，救世之戰。以此周行天下，上説説，音稅。下教，雖天下不取，強強，上聲。聒而不舍者也，故曰上下見厭而強見也。雖然，其爲爲，去聲。人太多，其自爲大少，曰：「請欲固置五升之飯足矣。」言我只需如此，自奉薄也。先生恐不得飽，弟子雖飢，以故師、弟恒飢。不忘天下，日夜不休，曰：「我必得活哉。」圖傲乎救世之士哉。言我豈必求升斗以自活哉？亦欲愧傲彼捄世而不盡心之士也。曰：其言又曰。「君子不爲苛察，不以身假物。」借物以自助。以爲無益于天下者，明之不如已也。若我所爲而無益于世，雖知爲之，不如弗爲。以禁攻寢兵爲外，爲外用。以情欲寡淺爲内，爲内脩。其大小精麤，其行適至是而止。

公而不黨，易易，去聲。而無私，決然無主，遇事則決然行之，而先無主見。趣物而不兩，萬物之理趣，歸于一致。不顧於慮，不謀于知，不起知慮。於物無擇，與之俱往，古之道術有在于是者。彭蒙、田駢、慎到聞其風而説之，齊萬物以爲首，曰：「天能覆之而不能載之，地能載之而不能覆之，大道能包之而不能辯之。」知萬物皆有所可，有所不可。故曰：「選則不徧，教則不至，其有可不可如此，所以若就萬物而選擇之，則決不能周徧。以此立教，便非至教。道則無遺者矣。」若道則無不徧，而無遺論者矣。是故慎到棄知去己，而緣不得已。泠汰于泠，平聲。物，遇事洒脱也。以爲道理，曰：「知不知，將薄知而後鄰傷之者也。」若必論知與不知，將迫于求知，自此以後，漸近于穿鑿也。謑髁無任，謑，與諧同。髁，滑也。無所事乎任也。而笑天下之上全尚。賢也；縱放縱。脱脱畧。無行，無行檢。而非天下之大聖。椎拍屈折也。輐斷，即刓斷破絶也。與物宛轉，舍是與非，苟可以免。不師知慮，不知前後，魏然而已矣。推而後行，曳而後往，若飄風之還，若羽之旋，若磨石之隧，回轉也。全能自全。而無非，世不非之。動静無過，未嘗有罪。是何故？夫無知之物，無建己立己見。之患，無用知之累，動静不離于理，是以終身無譽。故曰：「至于若無知之物而已，無用賢聖，夫塊塊然如土。不失道。」豪傑相與笑之曰：「愼到之道，非生人之行，而至死人之理，適得怪焉。」田駢亦然，學于彭蒙，得不教焉。不待教而自契。彭蒙之師曰：「古之道人，至于莫之是、莫之非而已矣。其風窢然，窢，音旭，逆風所動之聲。惡可而言？」常反人，與人相反。不見觀，人不見爲可觀。而不免于魭斷。即輐斷。其所謂道非道，而所言之韙是也。不免于非。彭蒙、田駢、愼到不知道。雖然，概乎皆嘗有聞者也。

以本道。爲精，以物爲麤，以有積爲不足，澹然獨與神明居，古之道術有在于是者。關尹、老聃聞其風而説之，建之以常無有，主之以太一，以濡弱謙下爲表，以空虛不毁萬物爲實。關尹曰：「在己無居，形物自著。心無所住，而形形物物莫非己心之所顯。其動若水，其靜若鏡，其應若響。芴乎若亡，寂乎若清。同焉者和，得焉者失。不居其得。未嘗先人，而嘗隨人。」老聃曰：「知其雄，守其雌，爲天下谿；知其白，守其辱，爲天下谷。」人皆取先，己獨取後，曰受天下之垢；人皆取寔，己獨取虚，無藏也故有餘，巋然而有餘；其行身也，徐而不費，無爲而笑巧；笑人之巧。人皆求福，己獨曲全，曰苟免於咎。以深爲根，以約爲紀。法也。曰堅則毁矣，鋭則挫矣。常寬容於物，不削於人，可謂至極。關尹、老聃乎，古之博大真人哉。

寂寞無形，變化無常，死與？生與？天地並與？神明往與？芒乎何之？忽乎何適？萬物畢羅，莫足以歸，人莫測其歸宿。古之道術有在于是者。莊周聞其風而説之，以謬悠虚而遠。之説，荒唐壙而大。之言，無端崖終始莫測。之辭，時縱恣而不儻，不以觭見之也。或放言自恣，而不儻同于人，而又不以觭自見也。觭，與奇同。以天下爲沉濁，不可與莊語，以卮言爲曼衍，以重言爲真，以寓言爲廣。獨與天地精神往來，而不敖倪於萬物，不譴是非，不責人是非。以與世俗處。其書雖瓌瑋而連犿犿，與獾同。連獾，宛轉貌。無傷也，其辭雖參差而諔詭可觀。彼其充寔不可以已，上與造物者遊，而下與外死生、無終始者爲友。其於本也，弘大而辟，辟，仝闢。深閎而肆；其於宗也，可謂稠適稠，作調。調適，調御間適也。而上遂達也。矣。雖然，其應于化順萬物之化。而解于物解萬物之懸結。也，其理不竭，其來不蛻，不離本宗。芒乎昧乎，未之盡者。

惠施多方，不成一家。其書五車，其所著書。其道舛駁，其言也不中。中，去聲。麻物之意，曰：麻，仝歷。歷歷舉其辯物之意，如下文所云也。「至大無外，謂之大一；至小無內，謂之小一。無厚，不可積也，積而成厚，彼厚厚者無厚，不可以積言。其大千里。萬物在天地中，各處其一耳，而物物者何啻千里？天與地卑，天氣有時下降，亦可爲卑。山與澤平。山澤通氣，亦可爲平。日方中方睨，日中而側視之，亦非中也。物方生方死。物今之生者，即前之死者。大同而與小同異，此之謂小同異；不是大同異于小同，乃小同異于大同也。萬物畢同畢異，合萬物爲同異。此之謂大同異。南方無窮而有窮，南，無窮也，而謂之方，則有窮。今日適越而昔來。今日雖纔至越，而適越之心自昔有也。連環可解也。兩環雖連，而各自爲圓。我知天下之中央，燕之北、越之南是也。以天下之中央言之，則燕在北而越在南矣，然燕越亦自有中央也。汎愛萬物，天地一體也。」惠施以此爲大，觀於天下而

「卵有」以下，又言當時之辯者有這些話頭。

曉辯者，天下之辯者相與樂之。卵有毛；孚㲉則有毛。鷄三足；又有使足者。郢有天下；楚自稱王，便有天下。犬可以爲羊；犬羊未名之先，謂犬爲羊亦可。馬有卵；胎卵未名之先，謂胎爲卵亦可。丁子有尾；丁子，蝦蟇也，無尾，然科斗所化，則原有尾。火不熱；寒熱未名之先，火亦可謂之寒。山出口；空谷傳聲，似有口。輪不蹍地；纔着地則不轉，便非輪之用矣。目不見，指不至，至不絶；目不能自見，指不能自指，有目目指指者至，而目指不窮。龜長於蛇；龜合如此長，非短于蛇也。矩不方，規不可以爲圓；規矩所以爲方圓者，而非即方圓也。鑿不圍枘；鑿本圍枘，然枘自入鑿，非鑿來圍枘。飛鳥之景未嘗動也；影隨鳥去，鳥動而非影動。鏃矢之疾，而有不行、不止之時；離弦爲行，中鵠爲止。未離乎弦，則不行不止時。狗非犬；一物兩名。黄馬驪牛三；馬牛一，黄驪二，黄馬驪牛爲三。白狗黑；亦就黑白未名而言。孤駒未嘗有母；謂之孤，則無母。一尺之捶，日取其半，萬世不竭。辯者以此與惠施相應，終身無窮。桓團、公孫龍辯者之口，飾人之心，易人之意，能勝人之口，不能服人之心，辯者之囿也。惠施日以其知與人之辯，特與天下之辯者爲怪，此其抵大抵。也。然惠施之口談，自以爲敢敢，一作最。賢，曰天地其壯乎？我爲天地問之壯夫乎？施存雄但知存雄。而無術。無守雌之術。南方有倚人焉，曰黄繚，問天地所以不墜不陷，風雨雷霆之故。惠施不辭而應，不慮而對，徧爲萬物説，説而不休，多而無已，猶以爲寡，益之以怪。以反人爲實，而欲以勝人爲名，是以與衆不適合。也。弱于德，強于物，其塗隩僻。矣。由天地之道觀惠施之能，其猶一蚉一寅之勞者也。其於物也何庸？夫充一充其一偏之見。尚可，曰愈貴道，幾矣。乃曰：「我之辨勝于貴道。」豈不殆哉？惠施不能以此自寧，散于萬物而不厭，卒以善辯爲名。惜乎，惠施之才，駘蕩而不得，逐萬物而不反，是窮響以聲，形與影競走也。悲夫。

《讓王》以下四篇，前輩以爲非莊子書。今觀《盜跖》一篇，其薄孔子尤甚；至若「宰相」名目，非戰國時所有，其爲後人僞撰無疑。《天下》一篇，其辭甚馴，言道自太極既判，而後帝德王功遞相接統，既不類莊子語；至不敢以鄒魯之士列于百家，而直以《五經》爲外王内聖之業，亦非莊子本色。且所云「鄒」者，指孟子也。周與孟子同時，未必尊之如此。又以關尹、老聃、莊周同列于百家，則明是一偏一曲者，又不合出自莊子口中。則是篇當是後儒于周書後總論之詞耳，故特備其文于别本云。

圖書在版編目（CIP）數據

南華經參注 / （清）郎懋學撰；伍成泉點校．— 福州：福建人民出版社，2023.9
（莊子集成 / 劉固盛主編）
ISBN 978–7–211–09175–1

Ⅰ．①南…　Ⅱ．①郎…　②伍…　Ⅲ．①《莊子》– 注釋　Ⅳ．① B223.5

中國國家版本館 CIP 數據核字 (2023) 第 180369 號

南華經參注

作　　者：［清］郎懋學 撰　伍成泉 點校
責任編輯：劉挺立
美術編輯：白　玫
責任校對：陳　璟
出版發行：福建人民出版社
電　　話：0591–87533169（發行部）
網　　址：http://www.fjpph.com
電子郵箱：fjpph7221@126.com
地　　址：福建省福州市東水路 76 號
經　　銷：福建新華發行（集團）有限責任公司
印刷裝訂：上海盛通時代印刷有限公司
地　　址：上海市金山區廣業路 568 號
電　　話：021–37910000
開　　本：890 毫米 ×1240 毫米　1/32
印　　張：9.625
字　　數：130 千字
版　　次：2023 年 9 月第 1 版第 1 次印刷
書　　號：ISBN 978–7–211–09175–1
定　　價：70.00 元

本書如有印裝質量問題，影響閱讀，請直接向承印廠調换。

版權所有，翻印必究。